I Sapori dell'India

Il Tesoro delle Spezie

Priya Patel

Sommario

Spiedino di pesce 18
    ingredienti 18
    Per il ripieno: 18
    Metodo 19

Cotolette di pesce 21
    ingredienti 21
    Metodo 22

Sookha Pesce 24
    ingredienti 24
    Metodo 25

Mahya Kalia 26
    ingredienti 26
    Metodo 27

Rosachi al curry di gamberetti 28
    ingredienti 28
    Metodo 29

Pesce ripieno di datteri e mandorle 30
    ingredienti 30
    Metodo 30

Pesce Tandoori 32
    ingredienti 32
    Metodo 32

Pesce Con Verdure 33

- ingredienti 33
- Metodo 34
- Tandoor Gulnar 36
  - ingredienti 36
  - Per la prima marinata: 36
  - Per la seconda marinata: 36
- Gamberetti con masala verde 37
  - ingredienti 37
  - Metodo 38
- Cotoletta di pesce 39
  - ingredienti 39
  - Metodo 40
- Parsi Pesce Sas 41
  - ingredienti 41
  - Metodo 42
- Peshawari Machhi 43
  - ingredienti 43
  - Metodo 43
- Curry di granchio 45
  - ingredienti 45
  - Metodo 46
- Pesce alla senape 47
  - ingredienti 47
  - Metodo 47
- Meno Vattichathu 48
  - ingredienti 48
  - Metodo 49

- Doi Maach 50
  - ingredienti 50
  - Per la marinata: 50
  - Metodo 51
- Pesce fritto 52
  - ingredienti 52
  - Metodo 52
- Tritare Machher 53
  - ingredienti 53
  - Metodo 53
- Pesce spada di Goa 55
  - ingredienti 55
  - Metodo 56
- Masala di pesce secco 57
  - ingredienti 57
  - Metodo 57
- Curry di gamberi di Madras 58
  - ingredienti 58
  - Metodo 58
- Pesce con fieno greco 59
  - ingredienti 59
  - Metodo 60
- Karimeen Porichathu 61
  - ingredienti 61
  - Metodo 62
- Gamberetti giganti 63
  - ingredienti 63

Metodo 64
Pesce marinato 65
   ingredienti 65
   Metodo 65
Curry di polpette di pesce 67
   ingredienti 67
   Metodo 68
Pesce Amritsari 69
   ingredienti 69
   Metodo 69
Gamberetti fritti Masala 70
   ingredienti 70
   Metodo 71
Pesce guarnito con santoreggia 72
   ingredienti 72
   Metodo 73
Gamberetti Pasanda 74
   ingredienti 74
   Metodo 75
Rechaido di pesce spada 76
   ingredienti 76
   Metodo 77
Teekha Jhinga 78
   ingredienti 78
   Metodo 79
Balchow di gamberetti 80
   ingredienti 80

Metodo 81
Gamberetti Bhujna 82
    ingredienti 82
    Metodo 83
Gendi Macher Malai 84
    ingredienti 84
    Metodo 85
Sorse Bata Pesce 86
    ingredienti 86
    Metodo 86
Stufato di pesce 87
    ingredienti 87
    Metodo 88
Jhinga Nissa 89
    ingredienti 89
    Metodo 90
Calamaro Vindaloo 91
    ingredienti 91
    Metodo 92
Balchow di aragosta 93
    ingredienti 93
    Metodo 94
Gamberi Con Melanzane 95
    ingredienti 95
    Metodo 96
Gamberetti verdi 97
    ingredienti 97

Metodo 97
Pesce al coriandolo 98
   ingredienti 98
   Metodo 98
Pesce Malai 99
   ingredienti 99
   Per il mix di spezie: 99
   Metodo 100
Curry di pesce Konkani 101
   ingredienti 101
   Metodo 101
Gamberetti All'Aglio Piccanti 102
   ingredienti 102
   Metodo 103
Curry di pesce semplice 104
   ingredienti 104
   Metodo 104
Curry di pesce di Goa 105
   ingredienti 105
   Metodo 106
Gamberetti Vindaloo 107
   Per 4 persone 107
   ingredienti 107
   Metodo 108
Pesce con masala verde 109
   ingredienti 109
   Metodo 110

Vongole Masala 111
    ingredienti 111
    Metodo 112
Pesce Tikka 113
    ingredienti 113
    Metodo 114
Melanzane ripiene di gamberi 115
    ingredienti 115
    Metodo 116
Gamberetti all'aglio e cannella 117
    ingredienti 117
    Metodo 117
Sogliola al vapore con senape 118
    ingredienti 118
    Metodo 118
Pasta Di Pesce Fritto 120
    ingredienti 120
    Metodo 121
Caldina di pesce 122
    ingredienti 122
    Metodo 123
Curry di gamberetti e uova 124
    ingredienti 124
    Metodo 125
Pesce talpa 126
    ingredienti 126
    Metodo 126

- Gamberetti Bharta 128
  - ingredienti 128
  - Metodo 129
- Pesce e verdure piccanti 130
  - ingredienti 130
  - Metodo 131
- Scaloppina di sgombro 132
  - ingredienti 132
  - Metodo 133
- Granchio Tandoori 134
  - ingredienti 134
  - Metodo 134
- Pesce ripieno 135
  - ingredienti 135
  - Metodo 136
- Curry di gamberi e cavolfiore 137
  - ingredienti 137
  - Per il mix di spezie: 137
  - Metodo 138
- Vongole Saltate 139
  - ingredienti 139
  - Metodo 140
- Gamberetto fritto 141
  - ingredienti 141
  - Metodo 142
- Sgombro in salsa di pomodoro 143
  - ingredienti 143

Metodo 144
Konju Ullaruathu 145
    ingredienti 145
    Metodo 146
Chemeen Manga Curry 147
    ingredienti 147
    Metodo 148
Patatine fritte Machchi semplici 149
    ingredienti 149
    Metodo 149
Machher Kalia 150
    ingredienti 150
    Metodo 151
Pesce fritto in un uovo 152
    ingredienti 152
    Metodo 152
Lau Chingri 153
    ingredienti 153
    Metodo 154
Pomodoro Di Pesce 155
    ingredienti 155
    Metodo 156
Chingri Machher Kalia 157
    ingredienti 157
    Metodo 157
Kebab di pesce Tikka 158
    ingredienti 158

Metodo 158
Scaloppina Chingri Machher 159
    ingredienti 159
    Metodo 160
Pesce cotto 161
    ingredienti 161
    Metodo 161
Gamberetti con peperoni verdi 162
    ingredienti 162
    Metodo 162
Machher Jhole 163
    ingredienti 163
    Metodo 164
Machher Paturi 165
    ingredienti 165
    Metodo 166
Chingri Machher Shorsher Jhole 167
    ingredienti 167
    Metodo 168
Curry di gamberetti e patate 169
    ingredienti 169
    Metodo 170
Talpa di gamberetti 171
    ingredienti 171
    Metodo 172
Pesce Koliwada 173
    ingredienti 173

- Metodo 174
- Rotolo di pesce e patate 175
  - ingredienti 175
  - Metodo 176
- Masala di gamberetti 177
  - ingredienti 177
  - Metodo 178
- Pesce all'aglio 179
  - ingredienti 179
  - Metodo 179
- Riso con patate 180
  - ingredienti 180
  - Per le polpette: 180
  - Metodo 181
- Pula di verdure 182
  - ingredienti 182
  - Metodo 183
- Kachche Gosht ki Biryani 184
  - ingredienti 184
  - Per la marinata: 184
  - Metodo 185
- Achari Gosht ki Biryani 187
  - ingredienti 187
  - Metodo 188
- Yakhni Pulao 190
  - ingredienti 190
  - Metodo 191

Hyderabadi Biryani 193
    ingredienti 193
    Per il mix di spezie: 193
    Metodo 194
Biryani di verdure 195
    ingredienti 195
    Metodo 196
Kale Moti ki Biryani 198
    ingredienti 198
    Metodo 199
Tritato e Masoor Pulao 201
    ingredienti 201
    Metodo 202
pollo Biryani 203
    ingredienti 203
    Per la marinata: 203
    Metodo 204
Biryani di gamberetti 206
    ingredienti 206
    Per il mix di spezie: 206
    Metodo 207
Biryani di patate e uova 209
    ingredienti 209
    Per l'impasto: 210
    Metodo 210
Tagliare il poulao 212
    ingredienti 212

Metodo	213
Chana Pulao	214
ingredienti	214
Metodo	214
Khichdi semplice	216
ingredienti	216
Metodo	216
Riso Masala	217
ingredienti	217
Metodo	218

introduzione

Il cibo indiano varia enormemente. Non importa quale tipo di cibo ti interessa: carne, pesce o vegetariano, troverai una ricetta adatta al tuo palato e al tuo umore. Sebbene il curry sia inevitabilmente associato all'India, il termine è usato semplicemente per carni o verdure cotte in salsa piccante, solitamente mangiate con riso o pane indiano. Come ti mostrerà questa raccolta di migliaia di ricette indiane, la cucina indiana è molto più che semplici piatti preferiti dai ristoranti.

In India il cibo è preso molto sul serio e la cucina è considerata un'arte. Ogni stato indiano ha le proprie tradizioni, cultura, stile di vita e cibo. Anche le singole famiglie possono avere le proprie ricette segrete per le polveri e le paste che costituiscono la struttura portante del piatto. Tuttavia, ciò che accomuna tutti i piatti indiani è la delicata alchimia delle spezie che conferisce loro il loro sapore caratteristico.

Le ricette nel libro sono autentiche, come quelle che potresti incontrare in una casa indiana, ma sono semplici, quindi se è la prima volta che cucini cibo indiano, rilassati. Tutto quello che devi fare è girare le pagine, scegliere quello che ti piace e creare un pasto delizioso, in stile indiano!

Spiedino di pesce

Per 4 persone

ingredienti

1 kg di pesce spada, senza pelle e sfilettato

4 cucchiai di olio vegetale raffinato più un po' di più per friggere

75 g/2½ once di chana dhal*, ammollato in 250 ml di acqua per 30 minuti

3 chiodi di garofano

½ cucchiaino di semi di cumino

Radice di zenzero di 2,5 cm, grattugiata

10 spicchi d'aglio

2,5 cm/1 di cannella

2 baccelli di cardamomo nero

8 grani di pepe nero

4 peperoni rossi secchi

cucchiaino: curcuma

1 cucchiaio di yogurt greco

1 cucchiaino di semi di cumino nero

Per il ripieno:

2 fichi secchi, tritati finemente

4 albicocche secche, tritate finemente

Succo di 1 limone

10 g di foglie di menta, tritate finemente

10 g di foglie di coriandolo, tritate finemente

Sale a piacere

Metodo

- Cuoci il pesce a fuoco medio per 10 minuti. Mettere da parte.

- Scaldare 2 cucchiai di olio in una padella. Scolare il dhal e friggerlo a fuoco medio finché non diventa dorato.

- Mescolare il dhal con chiodi di garofano, semi di cumino, zenzero, aglio, cannella, cardamomo, pepe in grani, peperoncini rossi, curcuma, yogurt e semi di cumino nero. Macinare questa miscela con abbastanza acqua per formare una pasta liscia. Mettere da parte.

- Scaldare 2 cucchiai di olio in una casseruola. Aggiungere questa pasta e friggerla a fuoco medio per 4-5 minuti.

- Aggiungere il pesce al vapore. Mescolare bene e mescolare per 2 minuti.

- Dividete il composto in 8 porzioni e formate delle polpette. Mettere da parte.

- Mescolare insieme tutti gli ingredienti del ripieno. Dividere in 8 porzioni.

- Appiattire le polpette e adagiare delicatamente su ciascuna una parte del ripieno. Chiudete a sacchetto e arrotolate nuovamente fino a formare una palla. Appiattisci le palline.

- Scaldare l'olio per friggere in una padella. Aggiungere le polpette e friggerle a fuoco medio fino a doratura. Ritorna e ripeti.

- Scolare su carta assorbente e servire caldo.

Cotolette di pesce

Per 4 persone

ingredienti

Coda di rana pescatrice da 500 g/1 lb 2 oz, senza pelle e sfilettata

500 ml/16 once fluide di acqua

Sale a piacere

1 cucchiaio di olio vegetale raffinato più un po' di più per friggere

1 cucchiaio di pasta di zenzero

1 cucchiaio di pasta d'aglio

1 cipolla grande, grattugiata finemente

4 peperoncini verdi, grattugiati

½ cucchiaino di curcuma

1 cucchiaino di garam masala

1 cucchiaino di cumino macinato

1 cucchiaino di peperoncino in polvere

1 pomodoro, sbollentato e affettato

25 g/poche foglie di coriandolo, tritate finemente

2 cucchiai di foglie di menta, tritate finemente

400 g di piselli cotti

2 fette di pane ammollate nell'acqua e scolate

50 g di pangrattato

Metodo

- Mettete il pesce con l'acqua in una pentola. Aggiungete il sale e fate bollire a fuoco medio per 20 minuti. Scolare e riservare.

- Per il ripieno, scaldare 1 cucchiaio di olio in una casseruola. Aggiungere la pasta di zenzero, la pasta di aglio e la cipolla. Rosolare a fuoco medio per 2-3 minuti.

- Aggiungere peperoncini verdi, curcuma, garam masala, cumino macinato e peperoncino in polvere. Friggere per un minuto.

- Aggiungere il pomodoro. Friggere per 3-4 minuti.

- Aggiungete le foglie di coriandolo, le foglie di menta, i piselli e le fette di pane. Mescolare bene. Cuocere a fuoco basso per 7-8 minuti, mescolando di tanto in tanto. Togliere dal fuoco e impastare bene il composto. Dividetelo in 8 porzioni di uguali dimensioni e mettete da parte.

- Schiacciare il pesce bollito e dividerlo in 8 porzioni.

- Formate con ogni porzione di pesce una coppa e farcitela con una porzione del composto di ripieno. Chiudete a tasca, formate una palla e modellatela come una cotoletta. Ripetere l'operazione per le restanti porzioni di pesce e il composto di copertura.

- Scaldare l'olio per friggere in una padella. Arrotolare le cotolette nel pangrattato e friggerle a fuoco medio fino a doratura. Servire caldo.

Sookha Pesce

(Pesce essiccato con spezie)

Per 4 persone

ingredienti

Radice di zenzero da 1 cm

10 spicchi d'aglio

1 cucchiaio di foglie di coriandolo, tritate finemente

3 peperoncini verdi

1 cucchiaino di curcuma

3 cucchiaini di peperoncino in polvere

Sale a piacere

1 kg di pesce spada, senza pelle e sfilettato

50 g di cocco essiccato

6-7 kokum*, ammollato per 1 ora in 120 ml di acqua

4 cucchiai di olio vegetale raffinato

60 ml di acqua

Metodo

- Mescolare insieme lo zenzero, l'aglio, le foglie di coriandolo, i peperoncini verdi, la curcuma, il peperoncino in polvere e il sale. Macinare questa miscela in una pasta liscia.

- Marinare il pesce con la pasta per 1 ora.

- Scaldare una pentola. Aggiungere il cocco. Arrostire a secco a fuoco medio per un minuto.

- Scartare le bacche di kokum e aggiungere l'acqua di kokum. Mescolare bene. Togliere dal fuoco e aggiungere questo composto al pesce marinato.

- Scaldare l'olio in una casseruola. Aggiungete il composto di pesce e fate cuocere a fuoco medio per 4-5 minuti.

- Aggiungi l'acqua. Mescolare bene. Coprite con un coperchio e lasciate cuocere per 20 minuti, mescolando di tanto in tanto.

- Servire caldo.

Mahya Kalia

(Pesce con Cocco, Semi di Sesamo e Arachidi)

Per 4 persone

ingredienti

100 g di cocco fresco, grattugiato

1 cucchiaino di semi di sesamo

1 cucchiaio di arachidi

1 cucchiaio di pasta di tamarindo

1 cucchiaino di curcuma

1 cucchiaino di coriandolo macinato

Sale a piacere

250 ml/8 once fluide di acqua

Filetti di pesce spada da 500 g

1 cucchiaio di foglie di coriandolo tritate

Metodo

- Tostare insieme a secco il cocco, i semi di sesamo e le arachidi. Mescolare con pasta di tamarindo, curcuma, coriandolo macinato e sale. Macinare con abbastanza acqua per formare una pasta liscia.

- Cuocere questo composto con l'acqua rimanente in una casseruola a fuoco medio per 10 minuti, mescolando spesso. Aggiungere i filetti di pesce e cuocere a fuoco lento per 10-12 minuti. Decorare con foglie di coriandolo e servire caldo.

Rosachi al curry di gamberetti

(Gamberi cotti al cocco)

Per 4 persone

ingredienti

200 g/7 once di cocco fresco, grattugiato

5 peperoni rossi

1 cucchiaino e mezzo di semi di coriandolo

1 cucchiaino e mezzo di semi di papavero

1 cucchiaino di semi di cumino

½ cucchiaino di curcuma

6 spicchi d'aglio

120 ml di olio vegetale raffinato

2 cipolle grandi, tritate finemente

2 pomodori, tritati finemente

250 g di gamberi rosa sgusciati e privati dei bordi

Sale a piacere

Metodo

- Macina cocco, peperoncini rossi, coriandolo, semi di papavero, semi di cumino, curcuma e aglio con abbastanza acqua per formare una pasta liscia. Mettere da parte.

- Scaldare l'olio in una casseruola. Soffriggere le cipolle a fuoco basso fino a doratura.

- Aggiungere la pasta di peperoncino rosso al cocco macinato, ai pomodori, ai gamberetti e al sale. Mescolare bene. Cuocere per 15 minuti, mescolando di tanto in tanto. Servire caldo.

Pesce ripieno di datteri e mandorle

Per 4 persone

ingredienti

4 trote, 250 g/9 once ciascuna, tagliate verticalmente

½ cucchiaino di peperoncino in polvere

1 cucchiaino di pasta di zenzero

250 g di datteri freschi senza semi, sbollentati e tritati finemente

75 g di mandorle, pelate e tritate finemente

2-3 cucchiai di riso al vapore (vedi <u>qua</u>)

1 cucchiaino di zucchero

¼ cucchiaino di cannella in polvere

½ cucchiaino di pepe nero macinato

Sale a piacere

1 cipolla grande, affettata sottilmente

Metodo

- Marinare il pesce con peperoncino in polvere e pasta di zenzero per 1 ora.

- Mescolare insieme i datteri, le mandorle, il riso, lo zucchero, la cannella, il pepe e il sale. Impastare fino a formare un impasto morbido. Mettere da parte.

- Riempire le fessure del pesce marinato con la pasta di datteri e mandorle. Disporre il pesce ripieno su un foglio di carta stagnola e cospargere la cipolla.

- Avvolgere il pesce e la cipolla nella pellicola e sigillare bene i bordi.

- Cuocere in forno a 200°C, gas 6, per 15-20 minuti. Scartare la pellicola e cuocere il pesce altri 5 minuti. Servire caldo.

Pesce Tandoori

Per 4 persone

ingredienti

1 cucchiaino di pasta di zenzero

1 cucchiaino di pasta d'aglio

½ cucchiaino di garam masala

1 cucchiaino di peperoncino in polvere

1 cucchiaio di succo di limone

Sale a piacere

Filetti di coda di rana pescatrice da 500 g

1 cucchiaio di chaat masala*

Metodo

- Mescolare pasta di zenzero, pasta di aglio, garam masala, peperoncino in polvere, succo di limone e sale.

- Fai delle incisioni sul pesce. Marinare con la miscela di zenzero e aglio per 2 ore.

- Grigliare il pesce per 15 minuti. Cospargere con chaat masala. Servire caldo.

Pesce Con Verdure

Per 4 persone

ingredienti

Filetti di salmone da 750 g/1 libbra, senza pelle

½ cucchiaino di curcuma

Sale a piacere

2 cucchiai di olio di senape

cucchiaino di semi di senape

cucchiaino di semi di finocchio

cucchiaino di semi di cipolla

cucchiaino di semi di fieno greco

cucchiaino di semi di cumino

2 foglie di alloro

2 peperoni rossi secchi, tagliati a metà

1 cipolla grande, affettata sottilmente

2 peperoncini verdi grandi, tagliati longitudinalmente

½ cucchiaino di zucchero

125 g di piselli in scatola

1 patata grande, tagliata a strisce

2-3 melanzane piccole tagliate a julienne

250 ml/8 once fluide di acqua

Metodo

- Marinare il pesce con la curcuma e il sale per 30 minuti.

- Scaldare l'olio in una casseruola. Aggiungere il pesce marinato e friggere a fuoco medio per 4-5 minuti, girando di tanto in tanto. Scolare e riservare.

- Allo stesso olio aggiungere senape, finocchio, cipolla, fieno greco e semi di cumino. Lasciarli sputare per 15 secondi.

- Aggiungi foglie di alloro e peperoni rossi. Friggere per 30 secondi.

- Aggiungi cipolla e peperoncini verdi. Rosolare a fuoco medio finché la cipolla non sarà dorata.

- Aggiungete lo zucchero, i piselli, la patata e le melanzane. Mescolare bene. Far rosolare il composto per 7-8 minuti.

- Aggiungere il pesce fritto e l'acqua. Mescolare bene. Coprite con un coperchio e lasciate cuocere per 12-15 minuti, mescolando di tanto in tanto.

- Servire caldo.

Tandoor Gulnar

(Trota cotta nel Tandoor)

Per 4 persone

ingredienti

4 trote, 250 g/9 once ciascuna

Burro per imbastire

Per la prima marinata:

120 ml di aceto di malto

2 cucchiai di succo di limone

2 cucchiaini di pasta d'aglio

½ cucchiaino di peperoncino in polvere

Sale a piacere

Per la seconda marinata:

Yogurt 400 g/14 once

1 uovo

1 cucchiaino di pasta d'aglio

2 cucchiaini di pasta di zenzero

120 ml di panna fresca liquida

180 g di besan*

Gamberetti con masala verde

Per 4 persone

ingredienti

Radice di zenzero da 1 cm

8 spicchi d'aglio

3 peperoncini verdi, tagliati longitudinalmente

50 g di foglie di coriandolo tritate

1 cucchiaio e mezzo di olio vegetale raffinato

2 cipolle grandi, tritate finemente

2 pomodori, tritati finemente

500 g di gamberi grandi, sgusciati e privati dei peli

1 cucchiaino di pasta di tamarindo

Sale a piacere

½ cucchiaino di curcuma

Metodo

- Macinare insieme lo zenzero, l'aglio, i peperoncini e le foglie di coriandolo. Mettere da parte.
- Scaldare l'olio in una casseruola. Soffriggere le cipolle a fuoco basso fino a doratura.
- Aggiungere la pasta di aglio e zenzero e i pomodori. Friggere per 4-5 minuti.
- Aggiungere i gamberetti, la pasta di tamarindo, il sale e la curcuma. Mescolare bene. Cuocere per 15 minuti, mescolando di tanto in tanto. Servire caldo.

Cotoletta di pesce

Per 4 persone

ingredienti

2 uova

1 cucchiaio di farina bianca

Sale a piacere

400 g di pesce San Pietro, senza pelle e sfilettati

500 ml/16 once fluide di acqua

2 patate grandi, bollite e schiacciate

1 cucchiaino e mezzo di garam masala

1 cipolla grande, grattugiata

1 cucchiaino di pasta di zenzero

Olio vegetale raffinato per friggere

200 g di pangrattato

Metodo

- Sbattere le uova con la farina e il sale. Mettere da parte.
- Cuocere il pesce in acqua salata in una casseruola a fuoco medio per 15-20 minuti. Scolateli e impastateli con le patate, il garam masala, la cipolla, la pasta di zenzero e il sale fino ad ottenere un impasto morbido.
- Dividere in 16 porzioni, formare delle palline e appiattirle leggermente fino a formare delle cotolette.
- Scaldare l'olio in una padella. Immergere le cotolette nell'uovo sbattuto, passarle nel pangrattato e friggerle a fuoco basso fino a doratura. Servire caldo.

Parsi Pesce Sas

(Pesce cotto in salsa bianca)

Per 4 persone

ingredienti

1 cucchiaio di farina di riso

1 cucchiaio di zucchero

60 ml di aceto di malto

2 cucchiai di olio vegetale raffinato

2 cipolle grandi, affettate sottilmente

½ cucchiaino di pasta di zenzero

½ cucchiaino di pasta d'aglio

1 cucchiaino di cumino macinato

Sale a piacere

250 ml/8 once fluide di acqua

8 filetti di sogliola al limone

2 uova, sbattute

Metodo

- Macinare la farina di riso con lo zucchero e l'aceto fino ad ottenere una pasta. Mettere da parte.
- Scaldare l'olio in una casseruola. Soffriggere le cipolle a fuoco basso fino a doratura.
- Aggiungere pasta di zenzero, pasta di aglio, cumino macinato, sale, acqua e pesce. Cuocere a fuoco basso per 25 minuti, mescolando di tanto in tanto.
- Aggiungere il composto di farina e cuocere per un minuto.
- Aggiungere con attenzione le uova. Mescolare per un minuto. Guarnire e servire caldo.

Peshawari Machhi

Per 4 persone

ingredienti

3 cucchiai di olio vegetale raffinato

1 kg di salmone, tagliato a tranci

Radice di zenzero di 2,5 cm, grattugiata

8 spicchi d'aglio schiacciati

2 cipolle grandi, tritate

3 pomodori, sbollentati e tagliati

1 cucchiaino di garam masala

Yogurt 400 g/14 once

cucchiaino: curcuma

1 cucchiaino di amchoor*

Sale a piacere

Metodo

- Riscaldare l'olio. Rosolare il pesce a fuoco basso fino a doratura. Scolare e riservare.

- Nello stesso olio aggiungere lo zenzero, l'aglio e le cipolle. Rosolare a fuoco basso per 6 minuti. Aggiungere il pesce fritto e tutti gli altri ingredienti. Mescolare bene.
- Fate cuocere per 20 minuti e servite caldo.

Curry di granchio

Per 4 persone

ingredienti

4 granchi di media grandezza, puliti (vedi<u>tecniche di cottura</u>)

Sale a piacere

1 cucchiaino di curcuma

½ cocco, grattugiato

6 spicchi d'aglio

4-5 peperoni rossi

1 cucchiaio di semi di coriandolo

1 cucchiaio di semi di cumino

1 cucchiaino di pasta di tamarindo

3-4 peperoncini verdi, tagliati longitudinalmente

1 cucchiaio di olio vegetale raffinato

1 cipolla grande, tritata finemente

Metodo

- Marinare i granchi con sale e curcuma per 30 minuti.
- Macinare tutti gli altri ingredienti, tranne l'olio e la cipolla, con abbastanza acqua per formare una pasta liscia.
- Scaldare l'olio in una casseruola. Soffriggere la pasta macinata e la cipolla a fuoco basso finché la cipolla non diventa dorata. Aggiungi un po' d'acqua. Lasciare cuocere per 7-8 minuti, mescolando di tanto in tanto. Aggiungere i granchi marinati. Mescolare bene e cuocere a fuoco lento per 5 minuti. Servire caldo.

Pesce alla senape

Per 4 persone

ingredienti

8 cucchiai di olio di senape

4 trote, 250 g/9 once ciascuna

2 cucchiaini di cumino macinato

2 cucchiaini di senape macinata

1 cucchiaino di coriandolo macinato

½ cucchiaino di curcuma

120 ml di acqua

Sale a piacere

Metodo

- Scaldare l'olio in una casseruola. Aggiungere il pesce e friggere a fuoco medio per 1 o 2 minuti. Capovolgi il pesce e ripeti. Scolare e riservare.
- Allo stesso olio aggiungere il cumino macinato, la senape e il coriandolo. Lasciali sputare per 15 secondi.
- Aggiungere la curcuma, l'acqua, il sale e il pesce fritto. Mescolare bene e cuocere a fuoco lento per 10-12 minuti. Servire caldo.

Meno Vattichathu

(Pesce rosso cucinato con spezie)

Per 4 persone

ingredienti

600 g di pesce spada, senza pelle e sfilettato

½ cucchiaino di curcuma

Sale a piacere

3 cucchiai di olio vegetale raffinato

½ cucchiaino di semi di senape

½ cucchiaino di semi di fieno greco

8 foglie di curry

2 cipolle grandi, affettate sottilmente

8 spicchi d'aglio, tritati finemente

5 cm/2 di zenzero, tagliato a fettine sottili

6 kokum*

Metodo

- Marinare il pesce con la curcuma e il sale per 2 ore.
- Scaldare l'olio in una casseruola. Aggiungere la senape e i semi di fieno greco. Lasciali sputare per 15 secondi. Aggiungi tutti gli ingredienti rimanenti e il pesce marinato. Rosolare a fuoco basso per 15 minuti. Servire caldo.

Doi Maach

(Pesce cotto nello yogurt)

Per 4 persone

ingredienti

4 trote sbucciate e sfilettate

2 cucchiai di olio vegetale raffinato

2 foglie di alloro

1 cipolla grande, tritata finemente

2 cucchiaini di zucchero

Sale a piacere

200 g di yogurt

Per la marinata:

3 chiodi di garofano

Pezzetto di cannella da 5 cm/2 pollici

3 baccelli di cardamomo verde

Radice di zenzero da 5 cm/2 pollici

1 cipolla grande, affettata sottilmente

1 cucchiaino di curcuma

Sale a piacere

Metodo

- Macinare insieme tutti gli ingredienti della marinata. Marinare il pesce con questa miscela per 30 minuti.
- Scaldare l'olio in una casseruola. Aggiungere le foglie di alloro e la cipolla. Rosolare a fuoco basso per 3 minuti. Aggiungere lo zucchero, il sale e il pesce marinato. Mescolare bene.
- Far rosolare per 10 minuti. Aggiungere lo yogurt e cuocere per 8 minuti. Servire caldo.

Pesce fritto

Per 4 persone

ingredienti

6 cucchiai di besan*

2 cucchiaini di garam masala

1 cucchiaino di amchoor*

1 cucchiaino di semi di ajwain

1 cucchiaino di pasta di zenzero

1 cucchiaino di pasta d'aglio

Sale a piacere

Coda di rana pescatrice da 675 g/1½ lb, senza pelle e sfilettata

Olio vegetale raffinato per friggere

Metodo

- Mescolare tutti gli ingredienti, tranne il pesce e l'olio, con abbastanza acqua per formare una pasta densa. Marinare il pesce con questa pasta per 4 ore.
- Scaldare l'olio in una padella. Aggiungere il pesce e friggere a fuoco medio per 4-5 minuti. Girare e friggere nuovamente per 2-3 minuti. Servire caldo.

Tritare Machher

Per 4 persone

ingredienti

500 g di salmone, senza pelle e sfilettato

Sale a piacere

500 ml/16 once fluide di acqua

250 g di patate, bollite e schiacciate

200 ml di olio di senape

2 cipolle grandi, tritate finemente

½ cucchiaino di pasta di zenzero

½ cucchiaino di pasta d'aglio

1 cucchiaino e mezzo di garam masala

1 uovo sbattuto

200 g di pangrattato

Olio vegetale raffinato per friggere

Metodo

- Mettete il pesce in una pentola con il sale e l'acqua. Cuocere a fuoco medio per 15 minuti. Scolatele e schiacciatele con le patate. Mettere da parte.
- Scaldare l'olio in una padella. Aggiungere le cipolle e rosolarle a fuoco medio fino a doratura. Aggiungere il

composto di pesce e tutti gli altri ingredienti tranne l'uovo e il pangrattato. Mescolare bene e cuocere a fuoco basso per 10 minuti.

- Lasciare raffreddare e dividere in palline grandi quanto un limone. Appiattire e formare delle cotolette.
- Scaldare l'olio per friggere in una padella. Immergere le cotolette nell'uovo, arrotolarle nel pangrattato e friggerle a fuoco medio fino a doratura. Servire caldo.

Pesce spada di Goa

(Pesce spada cucinato alla Goa)

Per 4 persone

ingredienti

50 g di cocco fresco, grattugiato

1 cucchiaino di semi di coriandolo

1 cucchiaino di semi di cumino

1 cucchiaino di semi di papavero

4 spicchi d'aglio

1 cucchiaio di pasta di tamarindo

250 ml/8 once fluide di acqua

Olio vegetale raffinato per friggere

1 cipolla grande, tritata finemente

1 cucchiaio di kokum*

Sale a piacere

½ cucchiaino di curcuma

4 bistecche di pesce spada

Metodo

- Macinare insieme il cocco, i semi di coriandolo, i semi di cumino, i semi di papavero, l'aglio e la pasta di tamarindo con abbastanza acqua per formare una pasta liscia. Mettere da parte.
- Scaldare l'olio in una casseruola. Aggiungere la cipolla e soffriggere a fuoco medio finché non diventa dorata.
- Aggiungere la pasta macinata e friggere per 2 minuti. Aggiungi gli ingredienti rimanenti. Mescolare bene e cuocere a fuoco lento per 15 minuti. Servire caldo.

Masala di pesce secco

Per 4 persone

ingredienti

6 filetti di salmone

¼ di cocco fresco, grattugiato

7 peperoni rossi

1 cucchiaio di curcuma

Sale a piacere

Metodo

- Grigliare i filetti di pesce per 20 minuti. Mettere da parte.
- Macinare insieme gli ingredienti rimanenti per formare una pasta liscia.
- Mescolare con il pesce. Cuocere il composto in una casseruola a fuoco basso per 15 minuti. Servire caldo.

Curry di gamberi di Madras

Per 4 persone

ingredienti

3 cucchiai di olio vegetale raffinato

3 cipolle grandi, tritate finemente

12 spicchi d'aglio, tritati

3 pomodori, sbollentati e tagliati

½ cucchiaino di curcuma

Sale a piacere

1 cucchiaino di peperoncino in polvere

2 cucchiai di pasta di tamarindo

750 g di gamberi di media grandezza, sgusciati e privati dei bordi

4 cucchiai di latte di cocco

Metodo

- Scaldare l'olio in una casseruola. Aggiungere la cipolla e l'aglio e far rosolare a fuoco medio per un minuto. Aggiungere pomodori, curcuma, sale, peperoncino in polvere, pasta di tamarindo e gamberetti. Mescolare bene e friggere per 7-8 minuti.
- Aggiungere il latte di cocco. Fate cuocere per 10 minuti e servite caldo.

Pesce con fieno greco

Per 4 persone

ingredienti

8 cucchiai di olio vegetale raffinato

500 g di salmone, sfilettato

1 cucchiaio di pasta d'aglio

75 g di foglie di fieno greco fresche, tritate finemente

4 pomodori, tritati finemente

2 cucchiaini di coriandolo macinato

1 cucchiaino di cumino macinato

1 cucchiaino di succo di limone

Sale a piacere

1 cucchiaino di curcuma

75 g/2½ once di acqua calda

Metodo

- Scaldare 4 cucchiai di olio in una padella. Aggiungere il pesce e friggerlo a fuoco medio fino a doratura su entrambi i lati. Scolare e riservare.
- Scaldare 4 cucchiai di olio in una casseruola. Aggiungere la pasta d'aglio. Fate rosolare a fuoco basso per un minuto. Aggiungere il resto degli ingredienti, tranne l'acqua. Far rosolare per 4-5 minuti.
- Aggiungere l'acqua e il pesce fritto. Mescolare bene. Coprite con un coperchio e lasciate cuocere per 10-15 minuti, mescolando di tanto in tanto. Servire caldo.

Karimeen Porichathu

(Filetto di pesce Masala)

Per 4 persone

ingredienti

1 cucchiaino di peperoncino in polvere

1 cucchiaio di coriandolo macinato

1 cucchiaino di curcuma

1 cucchiaino di pasta di zenzero

2 peperoncini verdi, tritati finemente

Succo di 1 limone

8 foglie di curry

Sale a piacere

8 filetti di salmone

Olio vegetale raffinato per friggere

Metodo

- Mescolare tutti gli ingredienti tranne il pesce e l'olio.
- Marinare il pesce con questa miscela e conservare in frigorifero per 2 ore.
- Scaldare l'olio in una padella. Aggiungere i pezzi di pesce e friggerli a fuoco medio fino a doratura.
- Servire caldo.

Gamberetti giganti

Per 4 persone

ingredienti

500 g di gamberi grandi, sgusciati e privati dei peli

1 cucchiaino di curcuma

½ cucchiaino di peperoncino in polvere

Sale a piacere

3 cucchiai di olio vegetale raffinato

1 cipolla grande, tritata finemente

1 cm/½ di radice di zenzero, tritata finemente

10 spicchi d'aglio, tritati finemente

2-3 peperoncini verdi, tagliati longitudinalmente

½ cucchiaino di zucchero

250 ml/8 fl oz di latte di cocco

1 cucchiaio di foglie di coriandolo, tritate finemente

Metodo

- Marinare i gamberi con la curcuma, il peperoncino in polvere e il sale per 1 ora.
- Scaldare l'olio in una casseruola. Aggiungere la cipolla, lo zenzero, l'aglio e i peperoncini verdi e friggere a fuoco medio per 2-3 minuti.
- Aggiungere lo zucchero, il sale e i gamberetti marinati. Mescolare bene e friggere per 10 minuti. Aggiungere il latte di cocco. Lasciare cuocere a fuoco lento per 15 minuti.
- Decorare con foglie di coriandolo e servire caldo.

Pesce marinato

Per 4 persone

ingredienti

Olio vegetale raffinato per friggere

1 kg di pesce spada, senza pelle e sfilettato

1 cucchiaino di curcuma

12 peperoni rossi secchi

1 cucchiaio di semi di cumino

Radice di zenzero da 5 cm/2 pollici

15 spicchi d'aglio

250 ml/8 fl oz aceto di malto

Sale a piacere

Metodo

- Scaldare l'olio in una padella. Aggiungere il pesce e friggere a fuoco medio per 2-3 minuti. Capovolgi e friggi per 1-2 minuti. Mettere da parte.
- Macinare insieme gli ingredienti rimanenti per formare una pasta liscia.
- Cuocere l'impasto in una casseruola a fuoco basso per 10 minuti. Aggiungere il pesce, cuocere per 3-4 minuti,

quindi lasciare raffreddare e conservare in un barattolo in frigorifero per un massimo di 1 settimana.

Curry di polpette di pesce

Per 4 persone

ingredienti

500 g di salmone, senza pelle e sfilettato

Sale a piacere

750 ml/1¼ pinta di acqua

1 cipolla grande

3 cucchiaini di garam masala

½ cucchiaino di curcuma

3 cucchiai di olio vegetale raffinato e poco altro per friggere

5 cm/2 di radice di zenzero, grattugiata

5 spicchi d'aglio, schiacciati

250 g di pomodori, sbollentati e tagliati a cubetti

2 cucchiai di yogurt, montato

Metodo

- Cuocere il pesce con un po' di sale e 500 ml di acqua a fuoco medio per 20 minuti. Scolare e tritare con la cipolla, il sale, 1 cucchiaino di garam masala e la curcuma fino ad ottenere un composto omogeneo. Dividere in 12 palline.
- Scaldare l'olio per friggere. Aggiungere le palline e friggerle a fuoco medio fino a doratura. Scolare e riservare.
- Scaldare 3 cucchiai di olio in una casseruola. Aggiungere tutti gli altri ingredienti, l'acqua rimasta e le polpette di pesce. Fate cuocere per 10 minuti e servite caldo.

Pesce Amritsari

(Pesce piccante piccante)

Per 4 persone

ingredienti

200 g di yogurt

½ cucchiaino di pasta di zenzero

½ cucchiaino di pasta d'aglio

Succo di 1 limone

½ cucchiaino di garam masala

Sale a piacere

Coda di rana pescatrice da 675 g/1½ lb, senza pelle e sfilettata

Metodo

- Mescolare tutti gli ingredienti tranne il pesce. Marinare il pesce con questa miscela per 1 ora.
- Grigliare il pesce marinato per 7-8 minuti. Servire caldo.

Gamberetti fritti Masala

Per 4 persone

ingredienti

4 spicchi d'aglio

5 cm/2 pollici di zenzero

2 cucchiai di cocco fresco, grattugiato

2 peperoni rossi secchi

1 cucchiaio di semi di coriandolo

1 cucchiaino di curcuma

Sale a piacere

120 ml di acqua

750 g di gamberi 10 oz, sgusciati e privati dei peli

3 cucchiai di olio vegetale raffinato

3 cipolle grandi, tritate finemente

2 pomodori, tritati finemente

2 cucchiai di foglie di coriandolo tritate

1 cucchiaino di garam masala

Metodo

- Macinare insieme aglio, zenzero, cocco, peperoncini rossi, semi di coriandolo, curcuma e sale con abbastanza acqua per formare una pasta liscia.
- Marinare i gamberi con questa pasta per un'ora.
- Scaldare l'olio in una casseruola. Aggiungere le cipolle e rosolarle a fuoco medio fino a quando diventano traslucide.
- Aggiungere i pomodori e i gamberetti marinati. Mescolare bene. Aggiungete l'acqua, coprite con un coperchio e lasciate cuocere per 20 minuti.
- Decorare con foglie di coriandolo e garam masala. Servire caldo.

Pesce guarnito con santoreggia

Per 4 persone

ingredienti

2 cucchiai di succo di limone

Sale a piacere

Pepe nero macinato a piacere

4 bistecche di pesce spada

2 cucchiai di burro

1 cipolla grande, tritata finemente

1 peperone verde, senza semi e tritato

3 pomodori pelati e tagliati a pezzi

50 g di pangrattato

85 g/3 once di formaggio cheddar, grattugiato

Metodo

- Cospargere il pesce con succo di limone, sale e pepe. Mettere da parte.
- Scaldare il burro in una casseruola. Aggiungere la cipolla e il peperone verde. Friggere a fuoco medio per 2-3 minuti. Aggiungete i pomodorini, il pangrattato e il formaggio. Friggere per 4-5 minuti.
- Distribuire uniformemente questo composto sul pesce. Avvolgere nella carta stagnola e cuocere in forno a 200°C (400°F, Gas Mark 6) per 30 minuti. Servire caldo.

Gamberetti Pasanda

(Gamberetti cucinati con yogurt e aceto)

Per 4 persone

ingredienti

250 g di gamberi rosa sgusciati e privati dei bordi

Sale a piacere

1 cucchiaino di pepe nero macinato

2 cucchiaini di aceto di malto

2 cucchiaini di olio vegetale raffinato

1 cucchiaio di pasta d'aglio

2 cipolle grandi, tritate finemente

2 pomodori, tritati finemente

2 cipolline, tritate finemente

1 cucchiaino di garam masala

250 ml/8 once fluide di acqua

4 cucchiai di yogurt greco

Metodo

- Marinare i gamberi con sale, pepe e aceto per 30 minuti.
- Grigliare i gamberetti per 5 minuti. Mettere da parte.
- Scaldare l'olio in una casseruola. Aggiungere la pasta d'aglio e le cipolle. Cuocere a fuoco medio per un minuto. Aggiungere i pomodori, i cipollotti e il garam masala. Rosolare per 4 minuti. Aggiungere i gamberi grigliati e l'acqua. Cuocere a fuoco basso per 15 minuti. Aggiungere lo yogurt. Mescolare per 5 minuti. Servire caldo.

Rechaido di pesce spada

(Pesce spada cotto in salsa di Goa)

Per 4 persone

ingredienti

4 peperoni rossi

6 spicchi d'aglio

Radice di zenzero da 2,5 cm/1 pollice

½ cucchiaino di curcuma

1 cipolla grande

1 cucchiaino di pasta di tamarindo

1 cucchiaino di semi di cumino

1 cucchiaio di zucchero

Sale a piacere

120 ml di aceto di malto

1 kg di pesce spada, pulito

Olio vegetale raffinato per friggere

Metodo

- Macinare insieme tutti gli ingredienti tranne il pesce e l'olio.
- Praticare delle incisioni nel pesce spada e marinarlo con il composto macinato, inserendo nelle incisioni abbondante impasto. Prenota 1 ora.
- Scaldare l'olio in una padella. Aggiungere il pesce marinato e friggere a fuoco basso per 2-3 minuti. Ritorna e ripeti. Servire caldo.

Teekha Jhinga

(Gamberetti piccanti)

Per 4 persone

ingredienti

- 4 cucchiai di olio vegetale raffinato
- 1 cucchiaino di semi di finocchio
- 2 cipolle grandi, tritate finemente
- 2 cucchiaini di pasta di zenzero
- 2 cucchiaini di pasta d'aglio
- Sale a piacere
- ½ cucchiaino di curcuma
- 3 cucchiai di garam masala
- 25 g/poco cocco essiccato 1 oncia
- 60 ml di acqua
- 1 cucchiaio di succo di limone
- 500 g di gamberi rosa, sgusciati e privati dei bordi

Metodo

- Scaldare l'olio in una casseruola. Aggiungere i semi di finocchio. Lasciarli sputare per 15 secondi. Aggiungere le cipolle, la pasta di zenzero e la pasta d'aglio. Cuocere a fuoco medio per un minuto.
- Aggiungere il resto degli ingredienti, tranne i gamberetti. Far rosolare per 7 minuti.
- Aggiungere i gamberi e cuocere per 15 minuti, mescolando spesso. Servire caldo.

Balchow di gamberetti

(Gamberetti cotti alla Goan Way)

Per 4 persone

ingredienti

750 g di gamberi 10 oz, sgusciati e privati dei peli

250 ml/8 fl oz aceto di malto

8 spicchi d'aglio

2 cipolle grandi, tritate finemente

1 cucchiaio di cumino macinato

cucchiaino: curcuma

Sale a piacere

120 ml di olio vegetale raffinato

50 g di foglie di coriandolo tritate

Metodo

- Marinare i gamberi con 4 cucchiai di aceto per 2 ore.
- Macinare l'aceto rimasto con l'aglio, le cipolle, il cumino macinato, la curcuma e il sale fino a formare una pasta liscia. Mettere da parte.
- Scaldare l'olio in una casseruola. Rosolare i gamberi a fuoco basso per 12 minuti.
- Aggiungi la pasta. Mescolare bene e cuocere a fuoco basso per 15 minuti.
- Decorare con foglie di coriandolo. Servire caldo.

Gamberetti Bhujna

(gamberetti essiccati con cocco e cipolla)

Per 4 persone

ingredienti

50 g di cocco fresco, grattugiato

2 cipolle grandi

6 peperoni rossi

5 cm/2 di radice di zenzero, grattugiata

1 cucchiaino di pasta d'aglio

4 cucchiai di olio vegetale raffinato

5 kokum secchi*

cucchiaino: curcuma

750 g di gamberi 10 oz, sgusciati e privati dei peli

250 ml/8 once fluide di acqua

Sale a piacere

Metodo

- Macinare insieme cocco, cipolle, peperoncini rossi, zenzero e pasta d'aglio.
- Scaldare l'olio in una casseruola. Aggiungere la pasta con il kokum e la curcuma. Rosolare a fuoco basso per 5 minuti.
- Aggiungere i gamberi, l'acqua e il sale. Cuocere a fuoco lento per 20 minuti, mescolando spesso. Servire caldo.

Gendi Macher Malai

(Gamberetti al cocco)

Per 4 persone

ingredienti

2 cipolle grandi, grattugiate

2 cucchiai di pasta di zenzero

100 g di cocco fresco, grattugiato

4 cucchiai di olio vegetale raffinato

500 g di gamberi rosa, sgusciati e privati dei bordi

1 cucchiaino di curcuma

1 cucchiaino di cumino macinato

4 pomodori, tritati finemente

1 cucchiaino di zucchero

1 cucchiaino di burro chiarificato

2 chiodi di garofano

2,5 cm/1 di cannella

2 baccelli di cardamomo verde

3 foglie di alloro

Sale a piacere

4 patate grandi, tagliate a cubetti e fritte

250 ml/8 once fluide di acqua

Metodo

- Macinare le cipolle, la pasta di zenzero e il cocco fino ad ottenere una pasta liscia. Mettere da parte.
- Scaldare l'olio in una padella. Aggiungete i gamberi e fateli rosolare a fuoco medio per 5 minuti. Scolare e riservare.
- Allo stesso olio, aggiungere la pasta macinata e tutti gli ingredienti rimanenti tranne l'acqua. Far rosolare per 6-7 minuti. Aggiungere i gamberi fritti e l'acqua. Mescolare bene e cuocere a fuoco lento per 10 minuti. Servire caldo.

Sorse Bata Pesce

(Pesce in pasta di senape)

Per 4 persone

ingredienti

4 cucchiai di semi di senape

7 peperoncini verdi

2 cucchiai di acqua

½ cucchiaino di curcuma

5 cucchiai di olio di senape

Sale a piacere

1 kg di sogliola al limone, sbucciata e sfilettata

Metodo

- Macinare insieme tutti gli ingredienti, tranne il pesce, con abbastanza acqua per formare una pasta liscia. Marinare il pesce con questa miscela per 1 ora.
- Cuocere a vapore per 25 minuti. Servire caldo.

Stufato di pesce

Per 4 persone

ingredienti

1 cucchiaio di olio vegetale raffinato

2 chiodi di garofano

2,5 cm/1 di cannella

3 foglie di alloro

5 grani di pepe nero

1 cucchiaino di pasta d'aglio

1 cucchiaino di pasta di zenzero

2 cipolle grandi, tritate finemente

400 g di verdure miste surgelate

Sale a piacere

250 ml/8 fl oz di acqua tiepida

Filetti di rana pescatrice da 500 g

1 cucchiaio di farina bianca, sciolta in 60 ml di latte

Metodo

- Scaldare l'olio in una casseruola. Aggiungere i chiodi di garofano, la cannella, le foglie di alloro e i grani di pepe. Lasciali sputare per 15 secondi. Aggiungere la pasta d'aglio, la pasta di zenzero e le cipolle. Friggere a fuoco medio per 2-3 minuti.
- Aggiungere le verdure, il sale e l'acqua. Mescolare bene e cuocere a fuoco lento per 10 minuti.
- Aggiungere con attenzione il composto di pesce e farina. Mescolare bene. Cuocere a fuoco medio per 10 minuti. Servire caldo.

Jhinga Nissa

(Gamberi con yogurt)

Per 4 persone

ingredienti

1 cucchiaio di succo di limone

1 cucchiaino di pasta di zenzero

1 cucchiaino di pasta d'aglio

1 cucchiaino di semi di sesamo

200 g di yogurt

2 peperoncini verdi, tritati finemente

½ cucchiaino di foglie di fieno greco essiccate

½ cucchiaino di chiodi di garofano macinati

½ cucchiaino di cannella in polvere

½ cucchiaino di pepe nero macinato

Sale a piacere

12 gamberi grandi, sgusciati e privati dei peli

Metodo

- Mescolare tutti gli ingredienti tranne i gamberi. Marinare i gamberi con questo composto per un'ora.
- Disporre i gamberi marinati sugli spiedini e grigliarli per 15 minuti. Servire caldo.

Calamaro Vindaloo

(Calamari cotti in salsa piccante di Goa)

Per 4 persone

ingredienti

8 cucchiai di aceto di malto

8 peperoni rossi

3,5 cm/1½ in radice di zenzero

20 spicchi d'aglio

1 cucchiaino di semi di senape

1 cucchiaino di semi di cumino

1 cucchiaino di curcuma

Sale a piacere

6 cucchiai di olio vegetale raffinato

3 cipolle grandi, tritate finemente

500 g di calamari da 2 once, affettati

Metodo

- Macinare metà dell'aceto con peperoncini rossi, zenzero, aglio, semi di senape, semi di cumino, curcuma e sale fino ad ottenere una pasta liscia. Mettere da parte.
- Scaldare l'olio in una casseruola. Soffriggere le cipolle a fuoco basso fino a doratura.
- Aggiungere la pasta macinata. Mescolare bene e far rosolare per 5-6 minuti.
- Aggiungere i calamari e l'aceto rimanente. Cuocere a fuoco basso per 15-20 minuti, mescolando di tanto in tanto. Servire caldo.

Balchow di aragosta

(Aragoste piccanti cotte nel curry di Goa)

Per 4 persone

ingredienti

400 g/14 oz di carne di aragosta, tritata

Sale a piacere

½ cucchiaino di curcuma

60 ml di aceto di malto

1 cucchiaino di zucchero

120 ml di olio vegetale raffinato

2 cipolle grandi, tritate finemente

12 spicchi d'aglio, tritati finemente

1 cucchiaino di garam masala

1 cucchiaio di foglie di coriandolo tritate

Metodo

- Marinare l'aragosta con sale, curcuma, aceto e zucchero per 1 ora.
- Scaldare l'olio in una casseruola. Aggiungere le cipolle e l'aglio. Friggere a fuoco basso per 2-3 minuti. Aggiungere l'aragosta marinata e il garam masala. Cuocere a fuoco basso per 15 minuti, mescolando di tanto in tanto.
- Decorare con foglie di coriandolo. Servire caldo.

Gamberi Con Melanzane

Per 4 persone

ingredienti

4 cucchiai di olio vegetale raffinato

6 grani di pepe nero

3 peperoncini verdi

4 chiodi di garofano

6 spicchi d'aglio

Radice di zenzero da 1 cm

2 cucchiai di foglie di coriandolo tritate

1 cucchiaio e mezzo di cocco essiccato

2 cipolle grandi, tritate finemente

500 g di melanzane, tritate

250 g di gamberi rosa sgusciati e privati dei bordi

½ cucchiaino di curcuma

1 cucchiaino di pasta di tamarindo

Sale a piacere

10 anacardi

120 ml di acqua

Metodo

- Scaldare 1 cucchiaio di olio in una casseruola. Aggiungere i grani di pepe, i peperoncini verdi, i chiodi di garofano, l'aglio, lo zenzero, le foglie di coriandolo e il cocco a fuoco medio per 2-3 minuti. Macinare il composto in una pasta liscia. Mettere da parte.
- Scaldare il resto dell'olio in una casseruola. Aggiungere le cipolle e farle rosolare a fuoco medio per un minuto. Aggiungere le melanzane, i gamberetti e la curcuma. Soffriggere per 5 minuti.
- Aggiungere la pasta macinata e tutti gli ingredienti rimanenti. Mescolare bene e cuocere a fuoco lento per 10-15 minuti. Servire caldo.

Gamberetti verdi

Per 4 persone

ingredienti

Succo di 1 limone

50 g di foglie di menta

50 g di foglie di coriandolo

4 peperoncini verdi

Radice di zenzero da 2,5 cm/1 pollice

8 spicchi d'aglio

Pizzico di garam masala

Sale a piacere

20 gamberi di media grandezza, sgusciati e privati dei bordi

Metodo

- Macinare insieme tutti gli ingredienti, tranne i gamberetti, fino ad ottenere una pasta liscia. Marinare i gamberi con questa miscela per 1 ora.
- Infilare i gamberi. Grigliare per 10 minuti, girando di tanto in tanto. Servire caldo.

Pesce al coriandolo

Per 4 persone

ingredienti

3 cucchiai di olio vegetale raffinato

1 cipolla grande, tritata finemente

4 peperoncini verdi, tritati finemente

1 cucchiaio di pasta di zenzero

1 cucchiaio di pasta d'aglio

1 cucchiaino di curcuma

Sale a piacere

100 g di foglie di coriandolo, tritate

1 kg di salmone, senza pelle e sfilettato

250 ml/8 once fluide di acqua

Metodo

- Scaldare l'olio in una casseruola. Soffriggere la cipolla a fuoco basso finché non sarà dorata.
- Aggiungere tutti gli ingredienti rimanenti tranne il pesce e l'acqua. Friggere per 3-4 minuti. Aggiungere il pesce e rosolarlo per 3-4 minuti.
- Aggiungi l'acqua. Mescolare bene e cuocere a fuoco lento per 10-12 minuti. Servire caldo.

Pesce Malai

(Pesce cotto in salsa cremosa)

Per 4 persone

ingredienti

250 ml/8 fl oz di olio vegetale raffinato

Filetti di branzino 1kg/2¼lb

1 cucchiaio di farina bianca

1 cipolla grande, grattugiata

½ cucchiaino di curcuma

250 ml/8 fl oz di latte di cocco

Sale a piacere

Per il mix di spezie:

1 cucchiaino di semi di coriandolo

1 cucchiaino di semi di cumino

4 peperoncini verdi

6 spicchi d'aglio

6 cucchiai di acqua

Metodo

- Macinare insieme gli ingredienti del mix di spezie. Spremere il composto per estrarre il succo in una piccola ciotola. Metti da parte il succo. Scartare il baccello.
- Scaldare l'olio in una padella. Ricoprire il pesce con la farina e friggerlo a fuoco medio fino a doratura. Scolare e riservare.
- Nello stesso olio aggiungere la cipolla e farla soffriggere a fuoco medio finché non diventa dorata.
- Aggiungere il succo della miscela di spezie e tutti gli ingredienti rimanenti. Mescolare bene.
- Lasciare cuocere a fuoco lento per 10 minuti. Aggiungere il pesce e cuocere per 5 minuti. Servire caldo.

Curry di pesce Konkani

Per 4 persone

ingredienti

1 kg di salmone, senza pelle e sfilettato

Sale a piacere

1 cucchiaino di curcuma

1 cucchiaino di peperoncino in polvere

2 cucchiai di olio vegetale raffinato

1 cipolla grande, tritata finemente

½ cucchiaino di pasta di zenzero

750 ml/1¼ pinte di latte di cocco

3 peperoncini verdi, tagliati longitudinalmente

Metodo

- Marinare il pesce con sale, curcuma e peperoncino in polvere per 30 minuti.
- Scaldare l'olio in una casseruola. Aggiungere la cipolla e la pasta di zenzero. Rosolare a fuoco medio fino a quando le cipolle diventano traslucide.
- Aggiungi latte di cocco, peperoncini verdi e pesce marinato. Mescolare bene. Lasciare cuocere a fuoco lento per 15 minuti. Servire caldo.

Gamberetti All'Aglio Piccanti

Per 4 persone

ingredienti

4 cucchiai di olio vegetale raffinato

2 cipolle grandi, tritate finemente

1 cucchiaio di pasta d'aglio

12 spicchi d'aglio, tritati

1 cucchiaino di peperoncino in polvere

1 cucchiaino di coriandolo macinato

½ cucchiaino di cumino macinato

2 pomodori, tritati finemente

Sale a piacere

1 cucchiaino di curcuma

750 g di gamberi 10 oz, sgusciati e privati dei peli

250 ml/8 once fluide di acqua

Metodo

- Scaldare l'olio in una casseruola. Aggiungere le cipolle, la pasta d'aglio e l'aglio tritato. Rosolare a fuoco medio fino a quando le cipolle diventano traslucide.

- Aggiungere il resto degli ingredienti, tranne i gamberi e l'acqua. Friggere per 3-4 minuti. Aggiungere i gamberetti e friggerli per 3-4 minuti.

- Aggiungi l'acqua. Mescolare bene e cuocere a fuoco lento per 12-15 minuti. Servire caldo.

Curry di pesce semplice

Per 4 persone

ingredienti

2 cipolle grandi, tagliate in quarti

3 chiodi di garofano

2,5 cm/1 di cannella

4 grani di pepe nero

2 cucchiaini di semi di coriandolo

1 cucchiaino di semi di cumino

1 pomodoro, in quarti

Sale a piacere

2 cucchiai di olio vegetale raffinato

750 g/1 libbra 10 once di salmone, senza pelle e sfilettato

250 ml/8 once fluide di acqua

Metodo

- Macinare insieme tutti gli ingredienti tranne l'olio, il pesce e l'acqua. Scaldare l'olio in una casseruola. Aggiungere la pasta e friggere a fuoco basso per 7 minuti.
- Aggiungere il pesce e l'acqua. Cuocere per 25 minuti, mescolando spesso. Servire caldo.

Curry di pesce di Goa

Per 4 persone

ingredienti

100 g di cocco fresco, grattugiato

4 peperoni rossi secchi

1 cucchiaino di semi di cumino

1 cucchiaino di semi di coriandolo

360 ml/12 once fluide di acqua

3 cucchiai di olio vegetale raffinato

1 cipolla grande, grattugiata

1 cucchiaino di curcuma

8 foglie di curry

2 pomodori, sbollentati e tagliati

2 peperoncini verdi, tagliati longitudinalmente

1 cucchiaio di pasta di tamarindo

Sale a piacere

1 kg di salmone, tagliato a fette

Metodo

- Macinare il cocco, i peperoncini rossi, i semi di cumino e i semi di coriandolo con 4 cucchiai di acqua fino ad ottenere una pasta densa. Mettere da parte.
- Scaldare l'olio in una casseruola. Soffriggere la cipolla a fuoco basso finché non sarà traslucida.
- Aggiungere la pasta di cocco. Friggere per 3-4 minuti.
- Aggiungere tutti gli ingredienti rimanenti tranne il pesce e l'acqua rimanente. Rosolare per 6-7 minuti. Aggiungere il pesce e l'acqua. Mescolare bene e cuocere a fuoco lento per 20 minuti, mescolando di tanto in tanto. Servire caldo.

Gamberetti Vindaloo

(Gamberi cotti nel curry piccante di Goa)

Per 4 persone

ingredienti

3 cucchiai di olio vegetale raffinato

1 cipolla grande, grattugiata

4 pomodori, tritati finemente

1½ cucchiaino di peperoncino in polvere

½ cucchiaino di curcuma

2 cucchiaini di cumino macinato

750 g di gamberi 10 oz, sgusciati e privati dei peli

3 cucchiai di aceto bianco

1 cucchiaino di zucchero

Sale a piacere

Metodo

- Scaldare l'olio in una casseruola. Aggiungere la cipolla e far rosolare a fuoco medio per 1 o 2 minuti. Aggiungere i pomodori, il peperoncino in polvere, la curcuma e il cumino. Mescolare bene e cuocere per 6-7 minuti, mescolando di tanto in tanto.
- Aggiungere i gamberi e mescolare bene. Cuocere a fuoco basso per 10 minuti.
- Aggiungere l'aceto, lo zucchero e il sale. Lasciate cuocere per 5-7 minuti. Servire caldo.

Pesce con masala verde

Per 4 persone

ingredienti

750 g di pesce spada, senza pelle e sfilettato

Sale a piacere

1 cucchiaino di curcuma

50 g di foglie di menta

100 g di foglie di coriandolo

12 spicchi d'aglio

Radice di zenzero da 5 cm/2 pollici

2 cipolle grandi, affettate

5 cm/2 pollici di cannella

1 cucchiaio di semi di papavero

3 chiodi di garofano

500 ml/16 once fluide di acqua

3 cucchiai di olio vegetale raffinato

Metodo

- Marinare il pesce con sale e curcuma per 30 minuti.
- Macinare insieme gli altri ingredienti, escluso l'olio, con abbastanza acqua per formare una pasta densa.
- Scaldare l'olio in una casseruola. Aggiungere la pasta e friggere a fuoco medio per 4-5 minuti. Aggiungere il pesce marinato e il resto dell'acqua. Mescolare bene e cuocere a fuoco lento per 20 minuti, mescolando di tanto in tanto. Servire caldo.

Vongole Masala

Per 4 persone

ingredienti

500 g di vongole veraci pulite (vedi tecniche di cottura)

Sale a piacere

cucchiaino: curcuma

1 cucchiaio di semi di coriandolo

3 chiodi di garofano

2,5 cm/1 di cannella

4 grani di pepe nero

Radice di zenzero da 2,5 cm/1 pollice

8 spicchi d'aglio

60 g/2 once di cocco fresco, grattugiato

2 cucchiai di olio vegetale raffinato

1 cipolla grande, tritata finemente

500 ml/16 once fluide di acqua

Metodo

- Vapore (vedi<u>tecniche di cottura</u>) vongole in vaporiera per 20 minuti. Cospargere sale e curcuma sopra. Mettere da parte.
- Tritare insieme il resto degli ingredienti, tranne l'olio, la cipolla e l'acqua.
- Scaldare l'olio in una casseruola. Aggiungere la pasta macinata e la cipolla. Rosolare a fuoco medio per 4-5 minuti. Aggiungete le vongole cotte al vapore e fatele rosolare per 5 minuti. Aggiungi l'acqua. Cuocere per 10 minuti e servire caldo.

Pesce Tikka

Per 4 persone

ingredienti

2 cucchiaini di pasta di zenzero

2 cucchiaini di pasta d'aglio

1 cucchiaino di garam masala

1 cucchiaino di peperoncino in polvere

2 cucchiaini di cumino macinato

2 cucchiai di succo di limone

Sale a piacere

1 kg di rana pescatrice, senza pelle e sfilettata

Olio vegetale raffinato per fritture poco profonde

2 uova, sbattute

3 cucchiai di semola

Metodo

- Mescolare pasta di zenzero, pasta di aglio, garam masala, peperoncino in polvere, cumino, succo di limone e sale. Marinare il pesce con questa miscela per 2 ore.
- Scaldare l'olio in una padella. Immergere il pesce marinato nell'uovo, arrotolarlo nella semola e friggerlo a fuoco medio per 4-5 minuti.
- Capovolgi e friggi per 2-3 minuti. Scolare su carta assorbente e servire caldo.

Melanzane ripiene di gamberi

Per 4 persone

ingredienti

4 cucchiai di olio vegetale raffinato

1 cipolla grande, grattugiata finemente

2 cucchiaini di pasta di zenzero

2 cucchiaini di pasta d'aglio

1 cucchiaino di curcuma

½ cucchiaino di garam masala

Sale a piacere

1 cucchiaino di pasta di tamarindo

180 g di gamberi rosa sgusciati e privati dei bordi

60 ml di acqua

8 melanzane piccole

10 g di foglie di coriandolo, tritate, per guarnire

Metodo

- Per il ripieno, scaldate metà dell'olio in una casseruola. Aggiungere la cipolla e farla rosolare a fuoco basso fino a doratura. Aggiungere la pasta di zenzero, la pasta di aglio, la curcuma e il garam masala. Rosolare per 2-3 minuti.
- Aggiungere sale, pasta di tamarindo, gamberi e acqua. Mescolare bene e cuocere a fuoco lento per 15 minuti. Prenota in un luogo fresco.
- Con un coltello fate una croce ad un'estremità di una melanzana. Taglia più in profondità lungo la croce, lasciando intatta l'altra estremità. Riempire il composto di gamberetti in questa cavità. Ripetere per tutte le melanzane.
- Scaldare l'olio rimanente in una padella. Aggiungere le melanzane ripiene. Friggere a fuoco basso per 12-15 minuti, girando di tanto in tanto. Guarnire e servire caldo.

Gamberetti all'aglio e cannella

Per 4 persone

ingredienti

250 ml/8 fl oz di olio vegetale raffinato

1 cucchiaino di curcuma

2 cucchiaini di pasta d'aglio

Sale a piacere

500 g di gamberi rosa, sgusciati e privati dei bordi

2 cucchiaini di cannella in polvere

Metodo

- Scaldare l'olio in una casseruola. Aggiungere la curcuma, la pasta d'aglio e il sale. Rosolare a fuoco medio per 2 minuti. Aggiungere i gamberi e cuocere per 15 minuti.
- Aggiungere la cannella. Cuocere per 2 minuti e servire caldo.

Sogliola al vapore con senape

Per 4 persone

ingredienti

1 cucchiaino di pasta di zenzero

1 cucchiaino di pasta d'aglio

¼ cucchiaino di pasta di peperoncino rosso

2 cucchiaini di senape inglese

2 cucchiaini di succo di limone

1 cucchiaino di olio di senape

Sale a piacere

1 kg di sogliola al limone, sbucciata e sfilettata

25 g/poche foglie di coriandolo, tritate finemente

Metodo

- Mescolare tutti gli ingredienti tranne il pesce e le foglie di coriandolo. Marinare il pesce con questa miscela per 30 minuti.
- Metti il pesce in un piatto fondo. Vapore (vedi<u>tecniche di cottura</u>) nella vaporiera per 15 minuti. Decorare con foglie di coriandolo e servire caldo.

Pasta Di Pesce Fritto

Per 4 persone

ingredienti

1 kg di rana pescatrice, senza pelle e sfilettata

½ cucchiaino di curcuma

Sale a piacere

125 g di besan*

3 cucchiai di pangrattato

½ cucchiaino di peperoncino in polvere

½ cucchiaino di pepe nero macinato

1 peperoncino verde, tritato

1 cucchiaino di semi di ajwain

3 cucchiai di foglie di coriandolo tritate

500 ml/16 once fluide di acqua

Olio vegetale raffinato per friggere

Metodo

- Marinare il pesce con la curcuma e il sale per 30 minuti.

- Mescolare gli altri ingredienti, escluso l'olio, fino a formare una pasta.

- Scaldare l'olio in una padella. Immergere il pesce marinato nella pastella e friggerlo a fuoco medio fino a doratura.

- Scolare su carta assorbente e servire caldo.

Caldina di pesce

(Pesce alla Goa)

Per 4 persone

ingredienti

3 cucchiai di olio vegetale raffinato

3 cipolle grandi, affettate sottilmente

6 peperoncini verdi, tagliati longitudinalmente

750 g di spigola sfilettata, tritata

1 cucchiaino di cumino macinato

1 cucchiaino di curcuma

1 cucchiaino di pasta di zenzero

1 cucchiaino di pasta d'aglio

360 ml/12 fl oz latte di cocco

2 cucchiaini di pasta di tamarindo

Sale a piacere

Metodo

- Scaldare l'olio in una casseruola. Aggiungere le cipolle e farle rosolare a fuoco basso fino a doratura.

- Aggiungi peperoncini verdi, pesce, cumino macinato, curcuma, pasta di zenzero, pasta di aglio e latte di cocco. Mescolare bene e cuocere a fuoco lento per 10 minuti.

- Aggiungere la pasta di tamarindo e il sale. Mescolare bene e cuocere a fuoco lento per 15 minuti. Servire caldo.

Curry di gamberetti e uova

Per 4 persone

ingredienti

3 cucchiai di olio vegetale raffinato

2 chiodi di garofano

2,5 cm/1 di cannella

6 grani di pepe nero

2 foglie di alloro

1 cipolla grande, tritata finemente

½ cucchiaino di curcuma

1 cucchiaino di pasta di zenzero

1 cucchiaino di pasta d'aglio

1 cucchiaino di garam masala

12 gamberi grandi, sgusciati e privati dei peli

Sale a piacere

200 g di passata di pomodoro

120 ml di acqua

4 uova sode, tagliate a metà nel senso della lunghezza

Metodo

- Scaldare l'olio in una casseruola. Aggiungere i chiodi di garofano, la cannella, il pepe in grani e le foglie di alloro. Lasciarli sputare per 15 secondi.

- Aggiungete il resto degli ingredienti, tranne la passata di pomodoro, l'acqua e le uova. Rosolare a fuoco medio per 6-7 minuti. Aggiungere la passata di pomodoro e l'acqua. Lasciate cuocere per 10-12 minuti.

- Aggiungere con attenzione le uova. Lasciamo cuocere per 4-5 minuti. Servire caldo.

Pesce talpa

(Pesce cotto nel curry semplice base)

Per 4 persone

ingredienti

2 cucchiai di burro chiarificato

1 cipolla piccola, tritata finemente

4 spicchi d'aglio, tagliati a fettine sottili

Radice di zenzero da 1 pollice, affettata sottilmente

6 peperoncini verdi, tagliati longitudinalmente

1 cucchiaino di curcuma

Sale a piacere

750 ml/1¼ pinte di latte di cocco

1 kg di branzino, senza pelle e sfilettato

Metodo

- Scaldare il burro chiarificato in una casseruola. Aggiungere la cipolla, l'aglio, lo zenzero e il peperoncino. Rosolare a fuoco basso per 2 minuti. Aggiungi la curcuma. Cuocere per 3-4 minuti.

- Aggiungere sale, latte di cocco e pesce. Mescolare bene e cuocere a fuoco lento per 15-20 minuti. Servire caldo.

Gamberetti Bharta

(Gamberetti cucinati in salsa classica indiana)

Per 4 persone

ingredienti

100 ml di olio di senape

1 cucchiaino di semi di cumino

1 cipolla grande, grattugiata

1 cucchiaino di curcuma

1 cucchiaino di garam masala

2 cucchiaini di pasta di zenzero

2 cucchiaini di pasta d'aglio

2 pomodori, tritati finemente

3 peperoncini verdi, tagliati longitudinalmente

750 g di gamberi 10 oz, sgusciati e privati dei peli

250 ml/8 once fluide di acqua

Sale a piacere

Metodo

- Scaldare l'olio in una casseruola. Aggiungere i semi di cumino. Lasciali sputare per 15 secondi. Aggiungere la cipolla e farla rosolare a fuoco medio fino a doratura.

- Aggiungi tutti gli ingredienti rimanenti. Fate cuocere per 15 minuti e servite caldo.

Pesce e verdure piccanti

Per 4 persone

ingredienti

2 cucchiai di olio di senape

500 g/1 libbra 2 once di sogliola al limone, sbucciata e sfilettata

cucchiaino di semi di senape

cucchiaino di semi di finocchio

cucchiaino di semi di fieno greco

cucchiaino di semi di cumino

2 foglie di alloro

½ cucchiaino di curcuma

2 peperoni rossi secchi, tagliati a metà

1 cipolla grande, affettata sottilmente

200 g di verdure miste surgelate

360 ml/12 once fluide di acqua

Sale a piacere

Metodo

- Scaldare l'olio in una casseruola. Aggiungere il pesce e friggerlo a fuoco medio fino a doratura. Ritorna e ripeti. Scolare e riservare.

- Allo stesso olio aggiungere senape, finocchio, semi di fieno greco e cumino, alloro, curcuma e peperoncino rosso. Friggere per 30 secondi.

- Aggiungi la cipolla. Rosolare a fuoco medio per 1 minuto. Aggiungere il resto degli ingredienti e il pesce fritto. Fate cuocere per 30 minuti e servite caldo.

Scaloppina di sgombro

Per 4 persone

ingredienti

4 sgombri grandi, puliti

Sale a piacere

½ cucchiaino di curcuma

2 cucchiaini di aceto di malto

250 ml/8 once fluide di acqua

1 cucchiaio di olio vegetale raffinato, più un po' di più per friggere poco profonde

2 cipolle grandi, tritate finemente

1 cucchiaino di pasta di zenzero

1 cucchiaino di pasta d'aglio

1 pomodoro, tritato finemente

1 cucchiaino di pepe nero macinato

1 uovo sbattuto

10 g di foglie di coriandolo, tritate

3 fette di pane ammollate e pressate

60 g di farina di riso

Metodo

- Cuocere lo sgombro in una pentola con sale, curcuma, aceto e acqua a fuoco medio per 15 minuti. Dissossare e schiacciare. Mettere da parte.

- Scaldare 1 cucchiaio di olio in una casseruola. Soffriggere le cipolle a fuoco basso fino a doratura.

- Aggiungere la pasta di zenzero, la pasta di aglio e il pomodoro. Rosolare per 4-5 minuti.

- Aggiungere pepe e sale e togliere dal fuoco. Mescolare con la purea di pesce, l'uovo, le foglie di coriandolo e il pane. Impastare e formare 8 cotolette.

- Scaldare l'olio in una padella. Arrotolare le cotolette nella farina di riso e friggerle a fuoco medio per 4-5 minuti. Ritorna e ripeti. Servire caldo.

Granchio Tandoori

Per 4 persone

ingredienti

2 cucchiaini di pasta di zenzero

2 cucchiaini di pasta d'aglio

2 cucchiaini di garam masala

1 cucchiaio di succo di limone

Yogurt greco 125g/4½oz

Sale a piacere

4 granchi, puliti

1 cucchiaio di olio vegetale raffinato

Metodo

- Mescolare tutti gli ingredienti insieme tranne i granchi e l'olio. Marinare i granchi con questa miscela per 3-4 ore.
- Spennellare il granchio marinato con olio. Grigliare per 10-15 minuti. Servire caldo.

Pesce ripieno

Per 4 persone

ingredienti

- 2 cucchiai di olio vegetale raffinato, più un po' di più per friggere poco profonde
- 1 cipolla grande, affettata finemente
- 1 pomodoro grande, tritato finemente
- 1 cucchiaino di pasta di zenzero
- 1 cucchiaino di pasta d'aglio
- 1 cucchiaino di coriandolo macinato
- 1 cucchiaino di cumino macinato
- Sale a piacere
- 1 cucchiaino di curcuma
- 2 cucchiai di aceto di malto
- 1 kg di salmone, diviso a livello della pancia
- 25 g/pezzo di pangrattato da 1 oncia

Metodo

- Scaldare 2 cucchiai di olio in una casseruola. Aggiungere la cipolla e farla rosolare a fuoco basso fino a doratura. Aggiungete il resto degli ingredienti, tranne l'aceto, il pesce e il pangrattato. Rosolare per 5 minuti.
- Aggiungi l'aceto. Lasciare cuocere per 5 minuti. Farcire il pesce con il composto.
- Scaldare l'olio rimanente in una padella. Arrotolare il pesce nel pangrattato e friggerlo a fuoco medio fino a doratura. Ritorna e ripeti. Servire caldo.

Curry di gamberi e cavolfiore

Per 4 persone

ingredienti

10 cucchiai di olio vegetale raffinato

1 cipolla grande, tritata finemente

cucchiaino: curcuma

250 g di gamberi rosa sgusciati e privati dei bordi

Cimette di cavolfiore da 200 g

Sale a piacere

Per il mix di spezie:

1 cucchiaio di semi di coriandolo

1 cucchiaio di garam masala

5 peperoni rossi

Radice di zenzero da 2,5 cm/1 pollice

8 spicchi d'aglio

60 g di cocco fresco

Metodo

- Scaldare metà dell'olio in una padella. Aggiungere gli ingredienti del mix di spezie e far rosolare a fuoco medio per 5 minuti. Macinare fino a ottenere una pasta densa. Mettere da parte.
- Scaldare l'olio rimanente in una casseruola. Soffriggere la cipolla a fuoco medio finché non diventa traslucida. Aggiungere tutti gli ingredienti rimanenti e la pasta di spezie.
- Cuocere a fuoco lento per 15-20 minuti, mescolando di tanto in tanto. Servire caldo.

Vongole Saltate

Per 4 persone

ingredienti

500 g di vongole, pulite

6 cucchiai di olio vegetale raffinato

2 cipolle grandi, tritate finemente

1 cucchiaino di curcuma

1 cucchiaino di garam masala

2 cucchiaini di pasta di zenzero

2 cucchiaini di pasta d'aglio

10 g di foglie di coriandolo, tritate

6 koku*

Sale a piacere

250 ml/8 once fluide di acqua

Metodo

- Cuocere a vapore le vongole per 25 minuti. Mettere da parte.
- Scaldare l'olio in una casseruola. Soffriggere le cipolle a fuoco basso fino a doratura.
- Aggiungere il resto degli ingredienti, tranne l'acqua. Rosolare per 5-6 minuti.
- Aggiungere le vongole cotte al vapore e l'acqua. Coprite con un coperchio e lasciate cuocere per 10 minuti. Servire caldo.

Gamberetto fritto

Per 4 persone

ingredienti

250 g di gamberi sgusciati

Besan 250 g/9 once*

2 peperoncini verdi, tritati finemente

1 cucchiaino di peperoncino in polvere

1 cucchiaino di curcuma

1 cucchiaino di coriandolo macinato

1 cucchiaino di cumino macinato

½ cucchiaino di amchoor*

1 cipolla piccola, grattugiata

cucchiaino di bicarbonato di sodio

Sale a piacere

Olio vegetale raffinato per friggere

Metodo

- Mescolare tutti gli ingredienti tranne l'olio con abbastanza acqua per formare una pasta densa.
- Scaldare l'olio in una padella. Versarvi qualche cucchiaio di pastella e friggere a fuoco medio fino a doratura su tutti i lati.
- Ripetere per il resto dell'impasto. Servire caldo.

Sgombro in salsa di pomodoro

Per 4 persone

ingredienti

1 cucchiaio di olio vegetale raffinato

2 cipolle grandi, tritate finemente

2 pomodori, tritati finemente

1 cucchiaio di pasta di zenzero

1 cucchiaio di pasta d'aglio

1 cucchiaino di peperoncino in polvere

½ cucchiaino di curcuma

8 kokum secchi*

2 peperoncini verdi, affettati

Sale a piacere

4 sgombri grandi, sbucciati e sfilettati

120 ml di acqua

Metodo

- Scaldare l'olio in una casseruola. Soffriggere le cipolle a fuoco medio finché non saranno dorate. Aggiungere tutti gli ingredienti rimanenti tranne il pesce e l'acqua. Mescolare bene e far rosolare per 5-6 minuti.
- Aggiungere il pesce e l'acqua. Mescolare bene. Fate cuocere per 15 minuti e servite caldo.

Konju Ullaruathu

(Scampo in Masala rosso)

Per 4 persone

ingredienti

120 ml di olio vegetale raffinato

1 cipolla grande, tritata finemente

5 cm/2 di radice di zenzero, tagliata a fettine sottili

12 spicchi d'aglio, affettati sottilmente

2 cucchiai di peperoncini verdi, tritati finemente

8 foglie di curry

2 pomodori, tritati finemente

1 cucchiaino di curcuma

2 cucchiaini di coriandolo macinato

1 cucchiaino di finocchio macinato

600 g di scampi, sbucciati e privati dei bordi

3 cucchiaini di peperoncino in polvere

Sale a piacere

1 cucchiaino di garam masala

Metodo

- Scaldare l'olio in una casseruola. Aggiungere la cipolla, lo zenzero, l'aglio, i peperoncini verdi e le foglie di curry e friggere a fuoco medio per 1-2 minuti.
- Aggiungi tutti gli ingredienti rimanenti tranne il garam masala. Mescolare bene e cuocere a fuoco basso per 15-20 minuti.
- Cospargere con garam masala e servire caldo.

Chemeen Manga Curry

(Gamberetti al curry con mango acerbo)

Per 4 persone

ingredienti

200 g/7 once di cocco fresco, grattugiato

1 cucchiaio di peperoncino in polvere

2 cipolle grandi, affettate sottilmente

3 cucchiai di olio vegetale raffinato

2 peperoncini verdi, tritati

Radice di zenzero da 1 pollice, affettata sottilmente

Sale a piacere

1 cucchiaino di curcuma

1 piccolo mango acerbo, tagliato a dadini

120 ml di acqua

750 g di gamberetti tigre, sgusciati e privati dei peli

1 cucchiaino di semi di senape

10 foglie di curry

2 peperoni rossi interi

4-5 scalogni, affettati

Metodo

- Macina insieme il cocco, il peperoncino in polvere e metà delle cipolle. Mettere da parte.
- Scaldare metà dell'olio in una casseruola. Far rosolare le cipolle rimanenti con i peperoncini verdi, lo zenzero, il sale e la curcuma a fuoco basso per 3-4 minuti.
- Aggiungere la pasta di cocco, il mango acerbo e l'acqua. Lasciare cuocere per 8 minuti.
- Aggiungere i gamberetti. Lasciate cuocere per 10-12 minuti e mettete da parte.
- Riscaldare l'olio rimanente. Aggiungere i semi di senape, le foglie di curry, i peperoncini e lo scalogno. Friggere per un minuto. Aggiungete questo composto ai gamberi e servite caldo.

Patatine fritte Machchi semplici

(Pesce fritto con spezie)

Per 4 persone

ingredienti

8 filetti di pesce bianco sodo come il merluzzo

cucchiaino: curcuma

½ cucchiaino di peperoncino in polvere

1 cucchiaino di succo di limone

250 ml/8 fl oz di olio vegetale raffinato

2 cucchiai di farina bianca

Metodo

- Marinare il pesce con la curcuma, il peperoncino in polvere e il succo di limone per 1 ora.
- Scaldare l'olio in una padella. Ricoprire il pesce con la farina e friggerlo a fuoco medio per 3-4 minuti. Capovolgi e friggi per 2-3 minuti. Servire caldo.

Machher Kalia

(Pesce in salsa ricca)

Per 4 persone

ingredienti

1 cucchiaino di semi di coriandolo

2 cucchiaini di semi di cumino

1 cucchiaino di peperoncino in polvere

Radice di zenzero di 2,5 cm, sbucciata

250 ml/8 once fluide di acqua

120 ml di olio vegetale raffinato

Filetti di trota da 500 g/1 libbra, senza pelle

3 foglie di alloro

1 cipolla grande, tritata finemente

4 spicchi d'aglio, tritati finemente

4 peperoncini verdi, affettati

Sale a piacere

1 cucchiaino di curcuma

2 cucchiai di yogurt

Metodo

- Macina i semi di coriandolo, i semi di cumino, il peperoncino in polvere e lo zenzero con abbastanza acqua per formare una pasta densa. Mettere da parte.
- Scaldare l'olio in una casseruola. Aggiungere il pesce e rosolarlo a fuoco medio per 3-4 minuti. Ritorna e ripeti. Scolare e riservare.
- Allo stesso olio aggiungere foglie di alloro, cipolla, aglio e peperoncini verdi. Friggere per 2 minuti. Aggiungete il resto degli ingredienti, il pesce fritto e la pastella. Mescolare bene e cuocere a fuoco lento per 15 minuti. Servire caldo.

Pesce fritto in un uovo

Per 4 persone

ingredienti

500 g di pesce San Pietro, senza pelle e sfilettati

Succo di 1 limone

Sale a piacere

2 uova

1 cucchiaio di farina bianca

½ cucchiaino di pepe nero macinato

1 cucchiaino di peperoncino in polvere

250 ml/8 fl oz di olio vegetale raffinato

100 g di pangrattato

Metodo

- Marinare il pesce con succo di limone e sale per 4 ore.
- Sbattere le uova con la farina, il pepe e il peperoncino in polvere.
- Scaldare l'olio in una padella. Immergere il pesce marinato nel composto di uova, arrotolarlo nel pangrattato e friggerlo a fuoco basso fino a doratura. Servire caldo.

Lau Chingri

(Gamberetti con zucca)

Per 4 persone

ingredienti

250 g di gamberi sgusciati

500 g di zucca, tagliata a cubetti

2 cucchiai di olio di senape

cucchiaino di semi di cumino

1 foglia di alloro

½ cucchiaino di curcuma

1 cucchiaio di coriandolo macinato

cucchiaino di zucchero

1 cucchiaio di latte

Sale a piacere

Metodo

- Cuocere a vapore i gamberi e la zucca per 15-20 minuti. Mettere da parte.
- Scaldare l'olio in una casseruola. Aggiungere i semi di cumino e la foglia di alloro. Friggere per 15 secondi. Aggiungere la curcuma e il coriandolo macinato. Friggere a fuoco medio per 2-3 minuti. Aggiungere lo zucchero, il latte, il sale e i gamberetti e la zucca cotti al vapore. Lasciare cuocere a fuoco lento per 10 minuti. Servire caldo.

Pomodoro Di Pesce

Per 4 persone

ingredienti

2 cucchiai di farina bianca

1 cucchiaino di pepe nero macinato

500 g/1 libbra 2 once di sogliola al limone, sbucciata e sfilettata

3 cucchiai di burro

2 foglie di alloro

1 cipolla piccola, grattugiata

6 spicchi d'aglio, tritati finemente

2 cucchiaini di succo di limone

6 cucchiai di brodo di pesce

150 g di passata di pomodoro

Sale a piacere

Metodo

- Mescolare insieme la farina e il pepe. Immergere il pesce nel composto.
- Scaldare il burro in una padella. Rosolare il pesce a fuoco medio fino a doratura. Scolare e riservare.
- Nello stesso burro fate soffriggere le foglie di alloro, la cipolla e l'aglio a fuoco medio per 2-3 minuti. Aggiungere il pesce fritto e tutti gli altri ingredienti. Mescolare bene e cuocere a fuoco lento per 20 minuti. Servire caldo.

Chingri Machher Kalia

(Ricco curry di gamberetti)

Per 4 persone

ingredienti

24 gamberi grandi, sgusciati e privati dei peli

½ cucchiaino di curcuma

Sale a piacere

250 ml/8 once fluide di acqua

3 cucchiai di olio di senape

2 cipolle grandi, grattugiate finemente

6 peperoni rossi secchi, macinati

2 cucchiai di foglie di coriandolo, tritate finemente

Metodo

- Cuocere i gamberi con la curcuma, il sale e l'acqua in una casseruola a fuoco medio per 20-25 minuti. Mettere da parte. Non buttare via l'acqua.
- Scaldare l'olio in una casseruola. Aggiungere le cipolle e i peperoncini rossi e friggere a fuoco medio per 2-3 minuti.
- Aggiungere i gamberi cotti e l'acqua riservata. Mescolare bene e cuocere a fuoco lento per 20-25 minuti. Decorare con foglie di coriandolo. Servire caldo.

Kebab di pesce Tikka

Per 4 persone

ingredienti

1 cucchiaio di aceto di malto

1 cucchiaio di yogurt

1 cucchiaino di pasta di zenzero

1 cucchiaino di pasta d'aglio

2 peperoncini verdi, tritati finemente

1 cucchiaino di garam masala

1 cucchiaino di cumino macinato

1 cucchiaino di peperoncino in polvere

Un pizzico di colorante alimentare arancione

Sale a piacere

675 g/1½ lb di rana pescatrice, senza pelle e sfilettata

Metodo

- Mescolare tutti gli ingredienti tranne il pesce. Marinare il pesce con questa miscela per 3 ore.
- Disporre il pesce marinato sugli spiedini e grigliarlo per 20 minuti. Servire caldo.

Scaloppina Chingri Machher

(Costolette di gamberetti)

Per 4 persone

ingredienti

12 gamberetti, sgusciati e privati dei peli

Sale a piacere

500 ml/16 once fluide di acqua

4 peperoncini verdi, tritati finemente

2 cucchiai di pasta d'aglio

50 g di foglie di coriandolo tritate

1 cucchiaino di cumino macinato

Pizzico di curcuma

Olio vegetale raffinato per friggere

1 uovo sbattuto

4 cucchiai di pangrattato

Metodo

- Cuocere i gamberi con sale e acqua in una casseruola a fuoco medio per 20 minuti. Scolatela e schiacciatela con tutti gli altri ingredienti tranne l'olio, l'uovo e il pangrattato.
- Dividete il composto in 8 porzioni, formate delle palline e appiattitele formando delle cotolette.
- Scaldare l'olio in una padella. Immergere le cotolette nell'uovo, arrotolarle nel pangrattato e friggerle a fuoco medio fino a doratura. Servire caldo.

Pesce cotto

Per 4 persone

ingredienti

500 g di filetti di sogliola al limone o dentice, senza pelle

Sale a piacere

1 cucchiaino di pepe nero macinato

¼ cucchiaino. 1 cucchiaino di peperoncini rossi secchi, tritati finemente

2 peperoni verdi grandi, tritati finemente

2 pomodori, a fette

1 cipolla grande, affettata

Succo di 1 limone

3 peperoncini verdi, tagliati longitudinalmente

10 spicchi d'aglio, affettati sottilmente

1 cucchiaio di olio d'oliva

Metodo

- Disporre i filetti di pesce in una pirofila e cospargerli di sale, pepe e peperoncino.
- Distribuire il resto degli ingredienti su questo composto.
- Coprire la pirofila e cuocere in forno a 200°C per 15 minuti. Scoprire e cuocere per 10 minuti. Servire caldo.

Gamberetti con peperoni verdi

Per 4 persone

ingredienti

4 cucchiai di olio vegetale raffinato

2 cipolle grandi, affettate sottilmente

5 cm/2 di radice di zenzero, tagliata a fettine sottili

12 spicchi d'aglio, affettati sottilmente

4 peperoncini verdi, tagliati longitudinalmente

½ cucchiaino di curcuma

2 pomodori, tritati finemente

500 g di gamberi rosa, sgusciati e privati dei bordi

3 peperoni verdi privati dei semi e affettati

Sale a piacere

1 cucchiaio di foglie di coriandolo tritate

Metodo

- Scaldare l'olio in una casseruola. Aggiungere cipolle, zenzero, aglio e peperoncini verdi. Friggere a fuoco basso per 1-2 minuti. Aggiungere il resto degli ingredienti, tranne le foglie di coriandolo. Mescolare bene e friggere per 15 minuti.
- Decorare con foglie di coriandolo. Servire caldo.

Machher Jhole

(Pesce in salsa)

Per 4 persone

ingredienti

500 g di trota da 2 once, senza pelle e sfilettata

1 cucchiaino di curcuma

Sale a piacere

4 cucchiai di olio di senape

3 peperoni rossi secchi

1 cucchiaino di garam masala

1 cipolla grande, grattugiata

2 cucchiaini di pasta di zenzero

1 cucchiaino di senape macinata

1 cucchiaino di coriandolo macinato

250 ml/8 once fluide di acqua

1 cucchiaio di foglie di coriandolo tritate

Metodo

- Marinare il pesce con la curcuma e il sale per 30 minuti.
- Scaldare l'olio in una padella. Rosolare il pesce marinato a fuoco medio per 2-3 minuti. Ritorna e ripeti. Mettere da parte.
- Nello stesso olio, rosolare i peperoncini e il garam masala a fuoco medio per 1 o 2 minuti. Aggiungere il resto degli ingredienti, tranne le foglie di coriandolo. Mescolare bene e cuocere a fuoco lento per 10 minuti. Aggiungere il pesce e mescolare bene.
- Lasciare cuocere a fuoco lento per 10 minuti. Cospargere con foglie di coriandolo e servire caldo.

Machher Paturi

(Pesce al vapore in foglie di banano)

Per 4 persone

ingredienti

5 cucchiai di semi di senape

5 peperoncini verdi

1 cucchiaino di curcuma

1 cucchiaino di peperoncino in polvere

1 cucchiaio di olio di senape

½ cucchiaino di semi di finocchio

2 cucchiai di foglie di coriandolo, tritate finemente

½ cucchiaino di zucchero

Sale a piacere

Trota da 750 g/1 libbra e 10 once, senza pelle e filettata

Foglie di banano 20 × 15 cm/8 × 6 pollici, lavate

Metodo

- Macinare insieme tutti gli ingredienti, tranne il pesce e le foglie di banana, fino ad ottenere una pasta liscia. Marinare il pesce con questa pasta per 30 minuti.
- Avvolgere il pesce in foglie di banana e cuocerlo a vapore per 20-25 minuti. Scartare con cura e servire caldo.

Chingri Machher Shorsher Jhole

(Gamberetti al curry con senape)

Per 4 persone

ingredienti

6 peperoni rossi secchi

½ cucchiaino di curcuma

3 cucchiaini di semi di cumino

1 cucchiaio di semi di senape

12 spicchi d'aglio

2 cipolle grandi

Sale a piacere

24 gamberi, sgusciati e privati dei peli

3 cucchiai di olio di senape

500 ml/16 once fluide di acqua

Metodo

- Macinare insieme tutti gli ingredienti tranne i gamberi, l'olio e l'acqua fino ad ottenere una pasta liscia. Marinare i gamberi con questa pasta per 1 ora.
- Scaldare l'olio in una casseruola. Aggiungete i gamberi e fateli rosolare a fuoco medio per 4-5 minuti.
- Aggiungi l'acqua. Mescolare bene e cuocere a fuoco lento per 20 minuti. Servire caldo.

Curry di gamberetti e patate

Per 4 persone

ingredienti

3 cucchiai di olio vegetale raffinato

2 cipolle grandi, tritate finemente

3 pomodori, tritati finemente

1 cucchiaino di pasta d'aglio

1 cucchiaino di peperoncino in polvere

½ cucchiaino di curcuma

1 cucchiaino di garam masala

250 g di gamberi rosa sgusciati e privati dei bordi

2 patate grandi, tagliate a cubetti

250 ml/8 once fluide di acqua calda

1 cucchiaino di succo di limone

10 g di foglie di coriandolo, tritate

Sale a piacere

Metodo

- Scaldare l'olio in una casseruola. Soffriggere le cipolle a fuoco basso fino a doratura.
- Aggiungere i pomodori, la pasta d'aglio, il peperoncino in polvere, la curcuma e il garam masala. Rosolare per 4-5 minuti. Aggiungi gli ingredienti rimanenti. Mescolare bene.
- Fate cuocere per 20 minuti e servite caldo.

Talpa di gamberetti

(Gamberi cotti in un semplice curry)

Per 4 persone

ingredienti

3 cucchiai di olio vegetale raffinato

2 cipolle grandi, tritate finemente

Radice di zenzero di 2,5 cm, tagliata a julienne

8 spicchi d'aglio, tritati

4 peperoncini verdi, tagliati longitudinalmente

375 g/13 once di gamberetti, sgusciati e privati dei peli

3 pomodori, tritati finemente

1 cucchiaino di curcuma

½ cucchiaino di peperoncino in polvere

Sale a piacere

750 ml/1¼ pinte di latte di cocco

Metodo

- Scaldare l'olio in una casseruola. Aggiungere le cipolle, lo zenzero, l'aglio e i peperoncini verdi e friggere a fuoco medio per 1-2 minuti.
- Aggiungere gamberi, pomodori, curcuma, peperoncino in polvere e sale. Rosolare per 5-6 minuti. Aggiungere il latte di cocco. Mescolare bene e cuocere a fuoco lento per 10-12 minuti. Servire caldo.

Pesce Koliwada

(Pesce Fritto Piccante)

Per 4 persone

ingredienti

675 g/1½ lb di rana pescatrice, senza pelle e sfilettata

Sale a piacere

1 cucchiaino di succo di limone

Besan 250 g/9 once*

3 cucchiai di farina

1 cucchiaino di curcuma

2 cucchiaini di chaat masala*

1 cucchiaino di garam masala

2 cucchiai di foglie di coriandolo tritate

1 cucchiaio di aceto di malto

1 cucchiaino di peperoncino in polvere

4 cucchiai di acqua

Olio vegetale raffinato per friggere

Metodo

- Marinare il pesce con sale e succo di limone per 2 ore.
- Mescolare tutti gli ingredienti rimanenti tranne l'olio fino a formare una pasta densa.
- Scaldare l'olio in una padella. Ricoprire generosamente il pesce con la pastella e friggerlo a fuoco medio fino a doratura. Scolare e servire caldo.

Rotolo di pesce e patate

Per 4 persone

ingredienti

675 g/1½ lb di sogliola al limone, sbucciata e sfilettata

Sale a piacere

cucchiaino: curcuma

1 patata grande, bollita

2 cucchiaini di succo di limone

2 cucchiai di coriandolo, tritato finemente

2 cipolle piccole, tritate finemente

1 cucchiaino di garam masala

2-3 peperoni verdi piccoli

½ cucchiaino di peperoncino in polvere

Olio vegetale raffinato per friggere

2 uova, sbattute

6-7 cucchiai di pangrattato

Metodo

- Cuocere a vapore il pesce per 15 minuti.
- Scolatela e amalgamatela con il resto degli ingredienti, tranne l'olio, le uova e il pangrattato. Impastare e dividere in 8 rotoli spessi 6 cm.
- Scaldare l'olio in una padella. Immergere i panini nell'uovo, passarli nel pangrattato e friggerli a fuoco medio fino a doratura. Scolare e servire caldo.

Masala di gamberetti

Per 4 persone

ingredienti

4 cucchiai di olio vegetale raffinato

3 cipolle, 1 affettata e 2 tritate

2 cucchiaini di semi di coriandolo

3 chiodi di garofano

2,5 cm/1 di cannella

5 grani di pepe

100 g di cocco fresco, grattugiato

6 peperoni rossi secchi

500 g di gamberi rosa, sgusciati e privati dei bordi

½ cucchiaino di curcuma

250 ml/8 once fluide di acqua

2 cucchiaini di pasta di tamarindo

Sale a piacere

Metodo

- Scaldare 1 cucchiaio di olio in una casseruola. Soffriggere la cipolla affettata, i semi di coriandolo, i chiodi di garofano, la cannella, il pepe in grani, il cocco e i peperoncini rossi a fuoco medio per 2-3 minuti. Macinare fino a ottenere una pasta liscia. Mettere da parte.
- Scaldare l'olio rimanente in una casseruola. Aggiungere le cipolle affettate e farle rosolare a fuoco medio fino a doratura. Aggiungere i gamberetti, la curcuma e l'acqua. Mescolare bene e cuocere a fuoco lento per 5 minuti.
- Aggiungere la pasta macinata, la pasta di tamarindo e il sale. Far rosolare per 15 minuti. Servire caldo.

Pesce all'aglio

Per 4 persone

ingredienti

500 g di pesce spada, sgusciato e sfilettato

Sale a piacere

1 cucchiaino di curcuma

1 cucchiaio di olio vegetale raffinato

2 cipolle grandi, grattugiate finemente

2 cucchiaini di pasta d'aglio

½ cucchiaino di pasta di zenzero

1 cucchiaino di coriandolo macinato

125 g di passata di pomodoro

Metodo

- Marinare il pesce con sale e curcuma per 30 minuti.
- Scaldare l'olio in una casseruola. Aggiungere cipolle, pasta d'aglio, pasta di zenzero e coriandolo macinato. Rosolare a fuoco medio per 2 minuti.
- Aggiungere la passata di pomodoro e il pesce. Lasciate cuocere per 15-20 minuti. Servire caldo.

Riso con patate

Per 4 persone

ingredienti

150 g/5½ oz di burro chiarificato più extra per friggere

1 cipolla grande

Radice di zenzero da 2,5 cm/1 pollice

6 spicchi d'aglio

125 g/4½ once di yogurt, montato

4 cucchiai di latte

2 baccelli di cardamomo verde

2 chiodi di garofano

1 cm/½ di cannella

250 g di riso basmati, ammollato per 30 minuti e scolato

Sale a piacere

1 litro/1¾ pinte di acqua

15 anacardi, fritti

Per le polpette:

3 patate grandi, bollite e schiacciate

125 g di besan*

½ cucchiaino di peperoncino in polvere

½ cucchiaino di curcuma

1 cucchiaino di garam masala in polvere

1 cipolla grande, grattugiata

Metodo

- Mescolare insieme tutti gli ingredienti degli gnocchi. Dividete il composto in piccole palline.
- Scaldare il burro chiarificato per friggerlo in padella. Aggiungere le polpette e friggerle a fuoco medio fino a doratura. Scolateli e metteteli da parte.
- Macinare la cipolla, lo zenzero e l'aglio fino a ottenere una pasta.
- Scaldare 60 g di burro chiarificato in una casseruola. Aggiungere la pasta e friggerla a fuoco medio finché non diventa traslucida.
- Aggiungere lo yogurt, il latte e le polpette di patate. Lascia cuocere il composto per 10-12 minuti. Mettere da parte.
- Scaldare il resto del burro chiarificato in un'altra padella. Aggiungere il cardamomo, i chiodi di garofano, la cannella, il riso, il sale e l'acqua. Coprite con un coperchio e lasciate cuocere per 15-20 minuti.
- Disporre il composto di riso e patate a strati alternati in una pirofila. Terminare con uno strato di riso. Guarnire con anacardi.
- Cuocere il riso con patate in forno a 200°C per 7-8 minuti. Servire caldo.

Pula di verdure

Per 4 persone

ingredienti

5 cucchiai di olio vegetale raffinato

2 chiodi di garofano

2 baccelli di cardamomo verde

4 grani di pepe nero

2,5 cm/1 di cannella

1 cipolla grande, tritata finemente

1 cucchiaino di pasta di zenzero

1 cucchiaino di pasta d'aglio

2 peperoncini verdi, tritati finemente

1 cucchiaino di garam masala

150 g di verdure miste (fagiolini, patate, carote, ecc.)

500 g di riso a grani lunghi, ammollato per 30 minuti e scolato

Sale a piacere

600 ml/1 litro di acqua calda

Metodo

- Scaldare l'olio in una casseruola. Aggiungere i chiodi di garofano, il cardamomo, il pepe in grani e la cannella. Lasciali sputare per 15 secondi.
- Aggiungere la cipolla e farla rosolare a fuoco medio per 2-3 minuti, mescolando di tanto in tanto.
- Aggiungere la pasta di zenzero, la pasta di aglio, i peperoncini verdi e il garam masala. Mescolare bene. Friggere questa miscela per un minuto.
- Aggiungere le verdure e il riso. Rosolare il pulao a fuoco medio per 4 minuti.
- Aggiungi sale e acqua. Mescolare bene. Cuocere a fuoco medio per un minuto.
- Coprite con un coperchio e lasciate cuocere per 10-12 minuti. Servire caldo.

Kachche Gosht ki Biryani

(Agnello Biryani)

Per 4-6 persone

ingredienti

1 kg di agnello, tagliato a pezzi di 5 cm

1 litro/1¾ pinte di acqua

Sale a piacere

6 chiodi di garofano

5 cm/2 pollici di cannella

5 baccelli di cardamomo verde

4 foglie di alloro

6 grani di pepe nero

750 g di riso basmati, ammollato per 30 minuti e scolato

150 g/5½ once di burro chiarificato

Un pizzico di zafferano, sciolto in 1 cucchiaio di latte

5 cipolle grandi, affettate e fritte

Per la marinata:

200 g di yogurt

1 cucchiaino di curcuma

1 cucchiaino di peperoncino in polvere

1 cucchiaino di pasta di zenzero

1 cucchiaino di pasta d'aglio

1 cucchiaino di sale

25 g/poche foglie di coriandolo, tritate finemente

25 g/poche foglie di menta, tritate finemente

Metodo

- Mescolare tutti gli ingredienti della marinata e marinare i pezzi di agnello con questo composto per 4 ore.
- In una casseruola unire l'acqua con sale, chiodi di garofano, cannella, cardamomo, alloro e pepe in grani. Cuocere a fuoco medio per 5-6 minuti.
- Aggiungere il riso sgocciolato. Cuocere 5-7 minuti. Scolare l'acqua in eccesso e mettere da parte il riso.
- Versare il burro chiarificato in una grande pirofila resistente al calore e adagiarvi sopra la carne marinata. Disporre il riso in uno strato sopra la carne.
- Cospargere il latte allo zafferano e un po' di burro chiarificato sullo strato superiore.
- Sigillare la padella con un foglio di alluminio e coprire con un coperchio.
- Lasciare cuocere a fuoco lento per 40 minuti.

- Togliere dal fuoco e lasciare riposare per altri 30 minuti.
- Guarnire il biryani con le cipolle. Servire a temperatura ambiente.

Achari Gosht ki Biryani

(Biryani di montone marinato)

Per 4-6 persone

ingredienti

4 cipolle di media grandezza, tritate finemente

Yogurt 400 g/14 once

2 cucchiaini di pasta di zenzero

2 cucchiaini di pasta d'aglio

1 kg di montone, tagliato in pezzi di 5 cm

2 cucchiaini di semi di cumino

2 cucchiaini di semi di fieno greco

1 cucchiaino di semi di cipolla

2 cucchiaini di semi di senape

10 peperoncini verdi

6 cucchiai e mezzo di burro chiarificato

50 g di foglie di menta tritate finemente

100 g di foglie di coriandolo tritate finemente

2 pomodori, tagliati in quarti

750 g di riso basmati, ammollato per 30 minuti e scolato

Sale a piacere

3 chiodi di garofano

2 foglie di alloro

5 cm/2 pollici di cannella

4 grani di pepe nero

Un grosso pizzico di zafferano, sciolto in 1 cucchiaio di latte

Metodo

- Mescolare insieme le cipolle, lo yogurt, la pasta di zenzero e la pasta di aglio. Marinare la carne di montone con questo composto per 30 minuti.
- Tostare insieme a secco il cumino, il fieno greco, la cipolla e i semi di senape. Pestateli in un composto grossolano.
- Dividete i peperoncini verdi e farciteli con il composto tritato. Mettere da parte.
- Scaldare 6 cucchiai di burro chiarificato in una padella. Aggiungi il montone. Rosolare la carne di montone a fuoco medio per 20 minuti. Assicurati che tutti i lati dei pezzi di montone siano equamente dorati.
- Aggiungere i peperoncini verdi ripieni. Continuare la cottura per altri 10 minuti.
- Aggiungere le foglie di menta, le foglie di coriandolo e i pomodori. Mescolare bene per 5 minuti. Mettere da parte.
- Mescolare il riso con sale, chiodi di garofano, alloro, cannella e pepe in grani. Portare la miscela a ebollizione. Mettere da parte.
- Versare il burro chiarificato rimanente in una teglia.

- Metti i pezzi di montone fritti sul burro chiarificato. Disporre il riso sbollentato in uno strato sul montone.
- Versare il latte allo zafferano sul riso.
- Sigillare la pirofila con la pellicola e coprire con un coperchio. Cuocere i biryani in forno preriscaldato a 200°C (400°F, gas 6) per 8-10 minuti.
- Servire caldo.

Yakhni Pulao

(Kashmir Pulao)

Per 4 persone

ingredienti

600 g di montone, tagliato a pezzi di 2,5 cm

2 foglie di alloro

10 grani di pepe nero

Sale a piacere

1,7 litri/3 pinte di acqua calda

5 cucchiai di olio vegetale raffinato

4 chiodi di garofano

3 baccelli di cardamomo verde

2,5 cm/1 di cannella

1 cucchiaio di pasta d'aglio

1 cucchiaio di pasta di zenzero

3 cipolle grandi, tritate finemente

500 g di riso basmati, ammollato per 30 minuti e scolato

1 cucchiaino di cumino macinato

2 cucchiaini di coriandolo macinato

200 g di yogurt, montato

1 cucchiaino di garam masala

60 g di cipolle, affettate e fritte

4-5 uvetta fritta

½ cetriolo, affettato

1 pomodoro, a fette

1 uovo, sodo e affettato

1 peperone verde, affettato

Metodo

- Aggiungere all'acqua la carne di montone, le foglie di alloro, il pepe in grani e il sale. Cuocere questa miscela in una casseruola a fuoco medio per 20-25 minuti.
- Scolare il composto di montone e mettere da parte. Prenota il brodo.
- Scaldare l'olio in una casseruola. Aggiungere i chiodi di garofano, il cardamomo e la cannella. Lasciali sputare per 15 secondi.
- Aggiungere la pasta d'aglio, la pasta di zenzero e le cipolle. Friggerli a fuoco medio fino a doratura.
- Aggiungere il composto di montone. Friggere per 4-5 minuti, mescolando a intervalli regolari.
- Aggiungere il riso, il cumino, il coriandolo, lo yogurt, il garam masala e il sale. Mescolare leggermente.
- Aggiungere il brodo di montone, con acqua calda sufficiente a stare 2,5 cm sopra il livello del riso.
- Fai bollire il pulao per 10-12 minuti.

- Guarnire con anelli di cipolla, uvetta, cetriolo, pomodoro, uovo e peperone verde. Servire caldo.

Hyderabadi Biryani

Per 4 persone

ingredienti

1 kg di montone, tagliato a pezzi di 3,5 cm

2 cucchiaini di pasta di zenzero

2 cucchiaini di pasta d'aglio

Sale a piacere

6 cucchiai di olio vegetale raffinato

Yogurt 500 g/1 libbra 2 once

2 litri/3½ pinte di acqua

2 patate grandi, sbucciate e tagliate in quarti

750 g di riso basmati, sbollentato

1 cucchiaio di burro chiarificato, riscaldato

Per il mix di spezie:

4 cipolle grandi, affettate sottilmente

3 chiodi di garofano

2,5 cm/1 di cannella

3 baccelli di cardamomo verde

2 foglie di alloro

6 grani di pepe

6 peperoncini verdi

50 g di foglie di coriandolo tritate

2 cucchiaini di succo di limone

1 cucchiaio di cumino macinato

1 cucchiaino di curcuma

1 cucchiaio di coriandolo macinato

Metodo

- Marinare il montone con pasta di zenzero, pasta di aglio e sale per 2 ore.
- Mescolare insieme tutti gli ingredienti del mix di spezie.
- Scaldare l'olio in una casseruola. Aggiungere la miscela di spezie e far rosolare a fuoco medio per 5-7 minuti.
- Aggiungete lo yogurt, la carne di montone marinata e 250 ml di acqua. Cuocere a fuoco lento per 15-20 minuti, mescolando di tanto in tanto.
- Aggiungere le patate, il riso e il resto dell'acqua. Lasciare cuocere a fuoco lento per 15 minuti.
- Versare il burro chiarificato sul riso e coprire bene con un coperchio.
- Cuocere fino a cottura del riso. Servire caldo.

Biryani di verdure

Per 4 persone

ingredienti

4 cucchiai di olio vegetale raffinato

2 cipolle grandi, affettate sottilmente

1 cucchiaio di pasta di zenzero

1 cucchiaio di pasta d'aglio

6 grani di pepe

2 foglie di alloro

3 baccelli di cardamomo verde

2,5 cm/1 di cannella

3 chiodi di garofano

1 cucchiaino di curcuma

1 cucchiaio di coriandolo macinato

6 peperoni rossi, macinati

50 g di cocco fresco, grattugiato

200 g di verdure miste surgelate

2 fette di ananas, tritate finemente

10-12 anacardi

200 g di yogurt

Sale a piacere

750 g di riso basmati, sbollentato

Un po' di colorante alimentare giallo

4 cucchiaini di burro chiarificato

1 cucchiaio di cumino macinato

3 cucchiai di foglie di coriandolo tritate finemente

Metodo

- Scaldare l'olio in una casseruola. Aggiungere tutte le cipolle, la pasta di zenzero e la pasta d'aglio. Rosolare il composto a fuoco medio fino a quando le cipolle diventano traslucide.
- Aggiungi pepe in grani, foglie di alloro, cardamomo, cannella, chiodi di garofano, curcuma, coriandolo macinato, peperoncini rossi e cocco. Mescolare bene. Fate rosolare per 2-3 minuti, mescolando di tanto in tanto.
- Aggiungere le verdure, l'ananas e gli anacardi. Far rosolare il composto per 4-5 minuti.
- Aggiungere lo yogurt. Mescolare bene per un minuto.
- Distribuire il riso in uno strato sopra il composto di verdure e cospargere la parte superiore con colorante alimentare.
- Scaldare il burro chiarificato in un'altra piccola casseruola. Aggiungi il cumino macinato. Lascialo sputare per 15 secondi.
- Versatelo direttamente sul riso.

- Coprite con un coperchio e assicuratevi che non fuoriesca vapore. Cuocere a fuoco basso per 10-15 minuti.
- Decorare con foglie di coriandolo. Servire caldo.

Kale Moti ki Biryani

(Biryani nero intero grammo)

Per 4 persone

ingredienti

500 g di riso basmati, ammollato per 30 minuti e scolato

500 ml di latte

1 cucchiaino di garam masala

500 ml/16 once fluide di acqua

Sale a piacere

75 g di burro chiarificato

2 cucchiaini di pasta di zenzero

2 cucchiaini di pasta d'aglio

3 peperoncini verdi, tagliati longitudinalmente

6 patate grandi, sbucciate e tagliate in quarti

2 pomodori, tritati finemente

½ cucchiaino di peperoncino in polvere

⅓c: curcuma

200 g di yogurt

Fagioli urad da 300 g/10 once*, cucinato

1 cucchiaino di zafferano, ammollato in 60 ml di latte

25 g/poche foglie di coriandolo, tritate finemente

10 g di foglie di menta, tritate finemente

2 cipolle grandi, affettate e fritte

3 baccelli di cardamomo verde

5 chiodi di garofano

2,5 cm/1 di cannella

1 foglia di alloro

Metodo

- Cuocere il riso con il latte, il garam masala, l'acqua e il sale in una pentola a fuoco medio per 7-8 minuti. Mettere da parte.
- Riscaldare il burro chiarificato in una teglia. Aggiungere la pasta di zenzero e la pasta d'aglio. Cuocere a fuoco medio per un minuto.
- Aggiungi peperoncini verdi e patate. Friggere il composto per 3-4 minuti.
- Aggiungere i pomodori, il peperoncino in polvere e la curcuma. Mescolare bene. Friggere per 2-3 minuti, mescolando spesso.
- Aggiungere lo yogurt. Mescolare attentamente per 2-3 minuti.
- Aggiungi i fagioli urad. Cuocere a fuoco basso per 7-10 minuti.

- Cospargere i fagioli con foglie di coriandolo, foglie di menta, cipolle, cardamomo, chiodi di garofano, cannella e alloro.
- Distribuire uniformemente il riso cotto sul composto di fagioli. Versare il latte allo zafferano sul riso.
- Sigillare con pellicola e coprire con un coperchio.
- Cuocere i biryani in forno a 200°C (400°F, gas 6) per 15-20 minuti. Servire caldo.

Tritato e Masoor Pulao

(Lenticchie rosse a fette e intere con riso pilaf)

Per 4 persone

ingredienti

6 cucchiai di olio vegetale raffinato

2 chiodi di garofano

2 baccelli di cardamomo verde

6 grani di pepe nero

2 foglie di alloro

2,5 cm/1 di cannella

1 cucchiaino di pasta di zenzero

1 cucchiaino di pasta d'aglio

1 cipolla grande, tritata finemente

2 peperoncini verdi, tritati finemente

1 cucchiaino di peperoncino in polvere

½ cucchiaino di curcuma

2 cucchiaini di coriandolo macinato

1 cucchiaino di cumino macinato

500 g di agnello tritato

150 g di masoor intero*, ammollato per 30 minuti e scolato

250 g/9 once di riso a grani lunghi, ammollato per 30 minuti e scolato

750 ml/1 litro di acqua calda

Sale a piacere

10 g di foglie di coriandolo, tritate finemente

Metodo

- Scaldare l'olio in una casseruola. Aggiungere i chiodi di garofano, il cardamomo, il pepe in grani, le foglie di alloro, la cannella, la pasta di zenzero e la pasta di aglio. Friggere questa miscela a fuoco medio per 2-3 minuti.
- Aggiungi la cipolla. Soffriggere finché non diventa traslucido.
- Aggiungi peperoncini verdi. Friggere per un minuto.
- Aggiungere peperoncino in polvere, curcuma, coriandolo macinato e cumino. Mescolare per 2 minuti.
- Aggiungere la carne macinata, il masoor e il riso. Cuocere bene a fuoco medio per 5 minuti, mescolando leggermente a intervalli regolari.
- Aggiungere l'acqua calda e il sale.
- Coprite con un coperchio e lasciate cuocere per 15 minuti.
- Guarnire il pulao con foglie di coriandolo. Servire caldo.

pollo Biryani

Per 4 persone

ingredienti

1 kg di pollo senza pelle e con l'osso, tagliato in 8 pezzi

6 cucchiai di olio vegetale raffinato

10 anacardi

10 uvetta

500 g di riso basmati, ammollato per 30 minuti e scolato

3 chiodi di garofano

2 foglie di alloro

5 cm/2 pollici di cannella

4 grani di pepe nero

Sale a piacere

4 cipolle grandi, affettate sottilmente

250 ml/8 once fluide di acqua

2 cucchiai e mezzo di burro chiarificato

Un grosso pizzico di zafferano, sciolto in 1 cucchiaio di latte

Per la marinata:

1 cucchiaino e mezzo di pasta d'aglio

1 cucchiaino e mezzo di pasta di zenzero

3 peperoncini verdi, tritati finemente

1 cucchiaino di garam masala

1 cucchiaino di pepe nero macinato

1 cucchiaio di coriandolo macinato

2 cucchiaini di cumino macinato

Yogurt 125 g/4½ once

Metodo

- Mescolare insieme tutti gli ingredienti della marinata. Marinare il pollo con questa miscela per 3-4 ore.
- Scaldare 1 cucchiaio di olio in un pentolino. Aggiungere gli anacardi e l'uvetta. Friggere a fuoco medio fino a doratura. Scolare e riservare.
- Lessare il riso sgocciolato con i chiodi di garofano, l'alloro, la cannella, il pepe in grani e il sale. Mettere da parte.
- Scaldare 3 cucchiai di olio in una casseruola. Aggiungete i pezzi di pollo e fateli rosolare a fuoco medio per 20 minuti, girandoli di tanto in tanto. Mettere da parte.
- Scaldare il resto dell'olio in un'altra padella. Aggiungere le cipolle e rosolarle a fuoco medio fino a doratura.
- Aggiungere i pezzi di pollo fritto. Cuoceteli per altri 5 minuti a fuoco medio.
- Aggiungere l'acqua e cuocere a fuoco lento fino a quando il pollo sarà cotto. Mettere da parte.

- Versare 2 cucchiai di burro chiarificato in una teglia. Aggiungere il composto di pollo. Disporre il riso in uno strato sul pollo.
- Versare sopra il latte allo zafferano e aggiungere il resto del burro chiarificato.
- Sigillare con pellicola e coprire bene con un coperchio.
- Cuocere in forno a 200°C (400°F, gas 6) per 8-10 minuti.
- Guarnire con gli anacardi fritti e l'uvetta. Servire caldo.

Biryani di gamberetti

Per 6 persone

ingredienti

600 g/1 libbra 5 once di gamberi grandi, puliti e privati dei peli

Sale a piacere

1 cucchiaino di curcuma

250 ml/8 fl oz di olio vegetale raffinato

4 cipolle grandi, affettate

4 pomodori, tritati finemente

2-3 patate, sbucciate e tagliate a cubetti

50 g di foglie di coriandolo tritate finemente

25 g/poche foglie di menta, tritate finemente

200 g di yogurt

2 peperoncini verdi, tritati

450 g di riso basmati cotto a vapore (vedi_qua_)

Per il mix di spezie:

4 chiodi di garofano

2,5 cm/1 di cannella

3 baccelli di cardamomo verde

4 grani di pepe nero

2-3 peperoncini verdi

¼ di cocco fresco, grattugiato

4 peperoni rossi

12 spicchi d'aglio

1 cucchiaino di cumino

1 cucchiaino di coriandolo

Metodo

- Macinare grossolanamente tutti gli ingredienti per la miscela di spezie. Mettere da parte.
- Mescolare i gamberetti con sale e curcuma. Mettere da parte.
- Scaldare 2 cucchiai di olio in una casseruola. Aggiungere le cipolle e rosolarle a fuoco medio fino a doratura. Mettere da parte.
- Scaldare l'olio rimanente in una casseruola. Aggiungere metà delle cipolle fritte con la miscela di spezie macinate. Mescolare bene e friggere a fuoco medio per un minuto.
- Aggiungere i pomodori, le patate, il sale e i gamberi. Cuocere la miscela per 5 minuti.
- Aggiungere il coriandolo, le foglie di menta, lo yogurt e i peperoncini verdi. Mescolare bene. Cuocere a fuoco lento per 10 minuti, mescolando leggermente a intervalli frequenti. Mettere da parte.
- In una pentola capiente disporre il composto di riso e gamberetti a strati alternati. Terminare con uno strato di riso.

- Cospargere sopra le cipolle rimanenti, coprire con un coperchio e cuocere a fuoco lento per 30 minuti. Servire caldo.

Biryani di patate e uova

Per 4-5 persone

ingredienti

5 cucchiai di olio vegetale raffinato

3 chiodi di garofano

2,5 cm/1 di cannella

3 baccelli di cardamomo verde

2 foglie di alloro

6 grani di pepe

3 cipolle grandi, affettate sottilmente

3 pomodori grandi, tritati finemente

Sale a piacere

cucchiaino: curcuma

200 g di yogurt

3 patate grandi, sbucciate, tagliate in quarti e fritte

6 uova, sode e tagliate a metà nel senso della lunghezza

300 g di riso basmati cotto a vapore

2 cucchiai di burro chiarificato

1 cucchiaio di semi di cumino

Un po' di colorante alimentare giallo

Per l'impasto:

1 cucchiaio di semi di sesamo bianco

4-5 peperoni rossi

8 spicchi d'aglio

Radice di zenzero da 5 cm/2 pollici

2-3 peperoncini verdi

50 g di foglie di coriandolo

1 cucchiaio di semi di coriandolo

Metodo

- Macinare insieme tutti gli ingredienti dell'impasto con abbastanza acqua per formare una pasta densa. Mettere da parte.
- Scaldare l'olio in una casseruola. Aggiungere tutti i chiodi di garofano, la cannella, il cardamomo, le foglie di alloro e il pepe in grani. Lasciarli sputare per 30 secondi.
- Aggiungi le cipolle. Friggerli a fuoco medio finché non diventeranno traslucidi.
- Aggiungete la passata con i pomodorini, il sale e la curcuma. Friggere per 2-3 minuti, mescolando di tanto in tanto.
- Aggiungere lo yogurt. Cuocere il composto a fuoco medio, mescolando spesso.
- Aggiungere le patate. Mescolateli bene per ricoprirli con la salsa.
- Aggiungere con attenzione i pezzi d'uovo, con il tuorlo rivolto verso l'alto.

- Distribuire il riso sui pezzi di uova. Metti da parte questa disposizione.
- Scaldare il burro chiarificato in una piccola casseruola. Aggiungere i semi di cumino. Lasciali sputare per 15 secondi.
- Versare questo composto direttamente sul riso.
- Cospargete sopra il colorante alimentare e coprite la padella con un coperchio.
- Lasciare cuocere per 30 minuti. Servire caldo.

Tagliare il poulao

(Agnello Macinato con Riso Pilau)

Per 4 persone

ingredienti

5 cucchiai di olio vegetale raffinato

2 chiodi di garofano

2 baccelli di cardamomo verde

6 grani di pepe nero

2 foglie di alloro

2,5 cm/1 di cannella

1 cipolla grande, tritata finemente

1 cucchiaino di pasta di zenzero

1 cucchiaino di pasta d'aglio

2 peperoncini verdi, tritati finemente

2 cucchiaini di coriandolo macinato

1 cucchiaino di peperoncino in polvere

½ cucchiaino di curcuma

1 cucchiaino di cumino macinato

500 g di agnello tritato

350 g di riso a grani lunghi, ammollato per 30 minuti in acqua e scolato

750 ml/1¼fl oz di acqua calda

Sale a piacere

10 g di foglie di coriandolo, tritate finemente

Metodo

- Scaldare l'olio in una casseruola. Aggiungere i chiodi di garofano, il cardamomo, il pepe in grani, le foglie di alloro e la cannella. Lasciali sputare per 15 secondi.
- Aggiungi la cipolla. Friggere a fuoco medio finché non diventa traslucido.
- Aggiungere pasta di zenzero, pasta di aglio, peperoncini verdi, coriandolo macinato, peperoncino in polvere, curcuma e cumino macinato.
- Friggere per 2 minuti. Aggiungere la carne macinata e il riso. Far rosolare questa miscela per 5 minuti.
- Aggiungere l'acqua calda e il sale.
- Coprite con un coperchio e lasciate cuocere per 15 minuti.
- Guarnire il pulao con foglie di coriandolo. Servire caldo.

Chana Pulao

(Ceci con Riso Pilau)

Per 4 persone

ingredienti

2 cucchiai di olio vegetale raffinato

1 cucchiaino di semi di cumino

1 cipolla grande, tritata finemente

1 cucchiaino di pasta di zenzero

1 cucchiaino di pasta d'aglio

2 peperoncini verdi, tritati finemente

300 g di ceci in scatola

300 g di riso a grani lunghi, ammollato per 30 minuti e scolato

Sale a piacere

250 ml/8 once fluide di acqua

Metodo

- Scaldare l'olio in una casseruola. Aggiungere i semi di cumino. Lasciali sputare per 15 secondi.
- Aggiungere la cipolla, la pasta di zenzero, la pasta di aglio e i peperoncini verdi. Friggere questa miscela a fuoco medio per 2-3 minuti.

- Aggiungere i ceci e il riso. Far rosolare per 4-5 minuti.
- Aggiungi sale e acqua. Cuocere il pulao a fuoco medio per un minuto.
- Coprite con un coperchio e lasciate cuocere per 10-12 minuti.
- Servire caldo.

Khichdi semplice

(Misto Riso e Lenticchie)

Per 4 persone

ingredienti

1 cucchiaio di burro chiarificato

1 cucchiaino di semi di cumino

2 peperoncini verdi, tagliati longitudinalmente

250 g di riso a grani lunghi

150 g/5½ once di mung dhal*

1 litro/1¾ pinte di acqua calda

Sale a piacere

Metodo

- Scaldare il burro chiarificato in una casseruola. Aggiungi semi di cumino e peperoncini verdi. Lasciali sputare per 15 secondi.
- Aggiungere il riso e il mung dhal. Soffriggere per 5 minuti.
- Aggiungere l'acqua calda e il sale. Mescolare bene. Coprire con un coperchio. Fai bollire il khichdi per 15 minuti: dovrebbe avere una consistenza simile al porridge.
- Servire caldo.

Riso Masala

(Riso piccante)

Per 4 persone

ingredienti

6 cucchiai di olio vegetale raffinato

½ cucchiaino di semi di senape

10 foglie di curry

2 peperoncini verdi, tagliati longitudinalmente

cucchiaino: curcuma

2 cipolle grandi, affettate sottilmente

½ cucchiaino di peperoncino in polvere

2 cucchiaini di succo di limone

Sale a piacere

300 g di riso a grani lunghi cotto a vapore

1 cucchiaio di foglie di coriandolo tritate

Metodo

- Scaldare l'olio in una casseruola. Aggiungi semi di senape, foglie di curry e peperoncini verdi. Lasciali sputare per 15 secondi. Aggiungere la curcuma e le cipolle. Soffriggere il composto a fuoco medio fino a quando le cipolle saranno dorate.
- Aggiungere il resto degli ingredienti, tranne il coriandolo. Mescolare delicatamente a fuoco basso per 5 minuti. Decorare con foglie di coriandolo. Servire caldo.

www.ingramcontent.com/pod-product-compliance
Lightning Source LLC
Chambersburg PA
CBHW050021130526
44590CB00042B/1324